2 ESTIMULACIÓN PARA NIÑOS CON SÍNDROME DE DOWN

MANUAL DE DESARROLLO COGNOSCITIVO

2 ESTIMULACIÓN TEMPRANA PARA NIÑOS CON SÍNDROME DE DOWN

MANUAL DE DESARROLLO COGNOSCITIVO

Milagros Damián

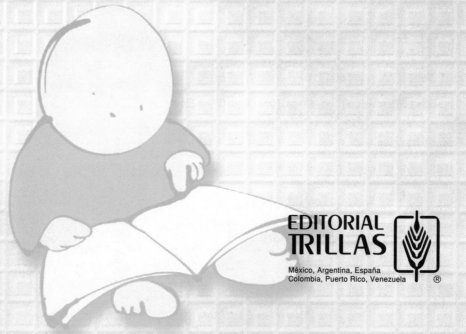

EDITORIAL TRILLAS

México, Argentina, España
Colombia, Puerto Rico, Venezuela ®

Catalogación en la fuente

Damián, Milagros
    *Estimulación temprana para niños con síndrome
de Down 2 : manual de desarrollo cognoscitivo.* --
México : Trillas, 2000 (reimp. 2006).
    277 p. : il ; 23 cm.
    Bibliografía: p. 263-264
    Incluye índices
    ISBN 968-24-6094-8

    1. Mongolismo. 2. Niño, Estudio del. 3. Niños -
Crecimiento. I. t.

D- 155.452'D326e   LC- RJ506.D68'D3.51   3420

Derechos reservados
© 2000, Editorial Trillas, S. A. de C. V.,
División Administrativa, Av. Río Churubusco 385,
Col. Pedro María Anaya, C. P. 03340, México, D. F.
Tel. 56884233, FAX 56041364

División Comercial, Calz. de la Viga 1132, C. P. 09439
México, D. F. Tel. 56330995, FAX 56330870

www.trillas.com.mx

Miembro de la Cámara Nacional de la
Industria Editorial. Reg. núm. 158

Primera edición, 2000 (ISBN 968-24-6094-8)

Primera reimpresión, febrero 2006

Impreso en México
Printed in Mexico

Índice de contenido

Introducción

La importancia que tiene un manual de estimulación temprana radica en su utilidad al enseñar paso a paso y de manera secuencial (de lo fácil a lo complejo), habilidades, conocimientos y comportamientos básicos y necesarios para la adaptación mediata e inmediata de la vida común y quizá, después de adquirir esos comportamientos y sentar las bases, se progrese en campos más especializados del aprendizaje y se adquieran comportamientos más complejos que permitan a estos individuos ser capaces de diferenciar conocimientos que les permitan acceder al aprendizaje de la lectoescritura, adquieran conceptos de número, de operaciones pequeñas aritméticas, de conceptos abstractos, etc., en la medida de sus posibilidades. Lo anterior es objetivo de todas aquellas personas que padecen alguna discapacidad, como es el caso de los niños con síndrome de Down.

La necesidad de trabajar con niños con discapacidades, con anomalías o deficientes ha motivado a las diferentes disciplinas, incluso a las ciencias de la salud, a estudiar y analizar estos casos, extendiendo sus conocimientos teóricos para dar respuestas y planear soluciones a problemas prácticos. Desde muchas perspectivas teóricas se buscan constantemente hallazgos concretos. Si bien es cierto que aún se desconocen muchas de las causas que originan estas anomalías, también es cierto que se han descubierto y comprobado muchos aspectos fundamentales para dilucidar el origen de ellas, tanto por parte de las disciplinas de la salud como por la psicología.

La labor de otros profesionales de la salud como pediatras,

neurólogos, fisiatras, etc., es complementaria y de ninguna manera incompatible. La contribución de estos profesionales y la del psicólogo como es el caso de la elaboración de este manual, podría contribuir al bienestar total de los niños.

En este manual se parte de la idea de que el individuo es fruto de diversas variables que intervienen conjunta y simultáneamente; por una parte se encuentra el equipo biológico del individuo, especialmente el funcionamiento de la actividad nerviosa superior que en alguna medida determina el comportamiento de las personas, y por otra parte se encuentra el ambiente que rodea al niño, el contexto familiar y extrafamiliar. Por tanto, este manual se basa en el conocimiento de que la influencia entre lo biológico y lo ambiental es mutua y recíproca dando como resultado determinadas formas y estilos de comportamientos en los niños.

El manual aporta, por tanto, estrategias psicoeducativas que pretenden enriquecer el ambiente del niño a través de:

a) Otorgarle las experiencias que necesita para optimizar su deteriorado desarrollo psicológico.

b) Graduar sensatamente la estimulación con base en sus progresos evolutivos.

c) Adaptarse desde el inicio a las características personales de cada niño en particular, buscando aquellos estímulos y ejercicios que realmente requiere y responde.

d) Otorga las experiencias de convivencia y afecto que necesita, sin sobreprotegerlo.

e) Permitirle que intente realizar, aunque sea mínimamente, ciertos pasos de la actividad por él mismo y ayudarlo, en caso de fallar en su intento, las veces que sea necesario hasta alcanzar que él solo realice la tarea.

f) No forzarlo a que realice las actividades.

g) Motivarlo a que realice las actividades dependiendo de sus capacidades y posibilidades.

h) Mostrarle su alegría por el esfuerzo que realiza y concederle una gratificación por ello.

i) Variar los estímulos o actividades según sus avances o atrasos, considerando sus limitaciones.

j) Darle la oportunidad de experimentar y observar las consecuencias de sus acciones, para que aprenda.

k) Iniciar desde lo antes posible, la intervención a edades tempranas, ya que se han demostrado mejores resultados y pronóstico.

l) La aplicación del manual debe ser una experiencia agradable de enseñanza-aprendizaje para el que lo aplique y para quien lo reciba.

m) Implementar las actividades pero también dar la oportunidad a quien lo aplica de inventar otras que cumplan con la finalidad que se plantea en el objetivo, esto resultará una experiencia enriquecedora para la persona, puesto que fomentará su creatividad y seguramente conocerá mejor que nadie las necesidades y destrezas del niño, resultando con esto un buen sistema de enseñanza para el niño.

¿A QUIÉN VA DIRIGIDO EL MANUAL?

Este manual tiene la finalidad de proporcionar una guía para estimular el desarrollo psicológico del niño de los 0 a los 60 meses de edad (correspondientes al desarrollo del niño normal), y también cubre las necesidades de tratar y entrenar las deficiencias que se presentan en el desarrollo psicológico de los niños con síndrome de Down, especialmente; también se puede utilizar con otros niños con retrasos en el desarrollo.

El manual está diseñado para ser utilizado por profesionales, paraprofesionales, padres, inclusive puede ser utilizado por aquellas personas que tienen dificultades con el lenguaje escrito, y que están de alguna manera involucradas en el cuidado y tratamiento de los niños con síndrome de Down y otros retrasos en el desarrollo psicológico.

El manual tiene las siguientes *ventajas*:

• Es *didáctico* por la planeación del contenido, abarca el objetivo general que describe todos los comportamientos por medio de categorías y subcategorías que deben realizar los niños hasta los 60 meses de edad correspondientes a los niños normales. Incluye también objetivos particulares que involucran los comportamientos necesarios según niveles de complejidad del desarrollo psicológico, estos niveles, por razones prácticas, se distribuyen en cinco, de cero a seis meses, de seis a 12 meses, de 12 a 24 meses, de 24 a 48 meses y de 48 a 60 meses. Además proporciona las instrucciones de cómo llevar a cabo los pasos de cada actividad, la cual es el medio para lograr el objetivo. Cada objetivo está acompañado de dibujos para facilitar el lenguaje escrito, principalmente para aquellas personas que tienen problemas en la lectura.

- Es *accesible*, ya que puede ser utilizado por cualquier persona sin estudios especializados, porque el lenguaje utilizado no es técnico ni elaborado. Cada objetivo específico describe el *qué*, *cómo* y *cuándo*, y por medio de las actividades se indica paso a paso, de lo simple a lo complejo, la forma que la persona encargada enseña al niño la consecución de la actividad para lograr el objetivo y de esa manera lo ayuda a superar su deficiencia y a conseguir habilidades.

- Es *fácilmente aplicable*, porque los materiales utilizados, son juguetes u objetos de uso cotidiano y pueden hacerse de materiales de desecho. Lo importante es extraer la esencia del objetivo para que la persona que lo esté aplicando recurra a su ingenio e idee otros materiales que cubran el fin de la actividad para lograr el objetivo.

El diseño y construcción de este manual dirigido al área cognoscitiva, se basa en los principios teóricos del análisis conductual aplicado, pero además en el concepto de *zona de desarrollo próximo* de Vigotski (1979), el cual hace referencia a aquellos comportamientos en los cuales el adulto u otra persona ayudan al niño para que los realice; estas conductas aún no están consolidadas o plenamente adquiridas, sino que se encuentran en el proceso de "dominio total", y por ello se requiere de tal ayuda. Este aspecto es importante, puesto que son esas conductas, que caen en la zona de desarrollo próximo, las que se detectan y se seleccionan para iniciar el tratamiento, de tal forma que su aprendizaje sea más fácil para el niño puesto que no les representa tanto esfuerzo como aquellas en las cuales no se han manifestado ni siquiera su inicio.

Así, es evidente que el niño debe primero *observar* lo que el adulto o persona encargada de llevar el tratamiento, haga, es decir, *modele*; después el niño deberá intentar *imitarlo* y realizar conforme a sus posibilidades, las acciones para lograr la actividad. En caso necesario *el adulto deberá ayudar al niño* a realizar la actividad, proporcionándole todo el apoyo que requiera; paulatinamente le *retirará la ayuda*, hasta que el niño *realice la actividad solo*.

¿POR QUÉ ES IMPORTANTE EL ÁREA COGNOSCITIVA EN LOS NIÑOS?

Se considera al área cognoscitiva como indispensable para adquirir y desarrollar conocimientos relacionados con capacidades sensoperceptuales, emanadas de los sentidos, conocimientos para solucionar problemas, para razonar, para diferenciar objetos, alimentos, olores, animales, sonidos, lugares, acciones, y llevar a cabo la enseñanza de conocimientos preacadémicos básicos como el concepto de número, color, forma, tamaño, de posición espaciotemporal, de peso, para dar inicio a las habilidades de la lectoescritura en los niños con síndrome de Down, y para aquellos que tienen problemas en su desarrollo psicológico y físico, por lo que esta área sirve como un auxiliar de gran ayuda para el conocimiento de las cosas que se encuentran en el mundo que los rodea.

El área cognoscitiva es una parte muy importante en el niño para que éste pueda adaptarse al mundo en el que vive, ese mundo lleno de conocimientos sobre las personas, los objetos, los símbolos, etc. Todos los conocimientos intelectivos que una persona adquiere, son parte del área cognoscitiva.

En el caso de los niños que padecen síndrome de Down, o en aquellos niños que presentan retraso en el desarrollo por otras razones, se presentan problemas cognoscitivos, y con ello la posibilidad de adquirir conocimientos. Por esta razón es muy importante la educación temprana en esta área, de modo que las dificultades que se presenten para aprender, sean superadas.

Así, con actividades graduadas a cada nivel de desarrollo, es posible estimular la adquisición de conocimientos desde los cero meses de edad, que le permitan al niño una mejor comprensión del medio que le rodea para poder acceder a él.

Los padres o responsables de cuidar al niño tienen la tarea de ayudar al niño a que su desarrollo en esta área se optimice; para ello deben ser capaces de detectar cualquier problema que pudiera surgir, para poder ofrecer soluciones al desarrollo que el niño posea en esta área, y construir junto con él ese conocimiento del mundo, ya que dependerá en gran medida tal saber en la adaptación a su medio.

¿CUÁL ES EL CONTENIDO DEL ÁREA COGNOSCITIVA?

El entrenamiento en el área cognoscitiva evidentemente representa una ayuda indiscutible. Los niños podrán adquirir conocimientos cada vez más complejos. Para lograr que el desarrollo de esta área sea el adecuado, en este manual se ha organizado la información de tal modo que se adquieran gradualmente los conocimientos. Así, esta área engloba los siguientes comportamientos clasificados en categorías:

- Capacidades sensoperceptuales.
- Solución de problemas.
- Discriminación o diferenciación.
- Preacadémicas.
- Académicas.

Partiendo de las sensaciones y las percepciones adecuadas, el niño será capaz de adquirir conocimientos cada vez más complejos. Cada pequeño logro es un paso hacia la adquisición de aprendizajes superiores como la lecto-escritura y las pequeñas operaciones aritméticas.

Las capacidades sensoperceptuales son base del proceso de aprendizaje; mediante ellas adquirimos la información del mundo que nos rodea. Por medio de los sentidos captamos datos que, al relacionarlos con otros, son incorporados e interpretados a nuestro bagaje de conocimientos. Al ir acumulando una serie de datos, se van formando redes de información cada vez más complejas y se van adquiriendo aprendizajes cada vez más elevados.

Desde que el bebé tiene de cero a seis meses empieza a relacionarse con todo lo que le rodea y a adquirir conocimientos. En esta etapa, el niño normal reacciona a los ruidos y a la luz, empieza a distinguir a las personas conocidas, y es capaz de distinguir objetos.

En los seis meses siguientes distingue unos sonidos de otros, puede buscar y encontrar objetos, asimismo es capaz de seguir instrucciones sencillas y de distinguir objetos, alimentos, olores, sonidos y animales. Puede también tomar un crayón e intentar hacer garabatos.

En el primero y segundo años de vida, se agudizan sus sentidos, el niño es capaz de señalar objetos que se le piden, o bien señalar para pedir o compartir algo, de imitar acciones que se le demuestren. Hace diferenciaciones cada vez más finas, de modo que es capaz no sólo de distinguir animales, personas y cosas sino que es capaz de identificar objetos y figuras idénticas, y de reconocer lugares y acciones. Asimismo, empieza a adquirir nociones sobre los colores, los números, los tamaños y las figuras geométricas. Su habilidad para tomar el crayón y desplazarlo en el papel es mucho más fina.

Entre los dos y los cuatro años de edad ya identifica a los objetos por su nombre, observa y explora detalles finos de las imágenes, intenta solucionar problemas como agrupar objetos por su tamaño, usa conceptos calificativos, diferencia por sus características a los animales, a los objetos, a los alimentos peligrosos, se inicia en nociones de largo-corto, alto-bajo, ancho-angosto, pesado-ligero, fuerte-suave, atrás-adelante, alrededor, se inicia también en la diferenciación e igualación de colores, identifica objetos, animales y personas iguales y diferentes, identifica figuras geométricas, números, empieza a unir puntos para formar una figura, imita una cruz, copia un cuadrado, responde a preguntas de comprensión.

13

Finalmente, entre los cuatro y los cinco años, prácticamente se consolidan comportamientos para solucionar problemas como: identificar la figura humana, el uso de prendas de vestir, identificar objetos con el tacto y objetos faltantes, nombrar monedas por su valor nominativo, seleccionar dibujos por sus características peculiares; además el niño reconoce sin equivocarse alimentos, animales, lugares, acciones en el tiempo, simula la acción de escribir, arma rompecabezas, iguala conjuntos de objetos por su cantidad, dibuja círculos, empieza a copiar letras, personas, cosas, y diferencia el día de la noche, las estancias del año, acontecimientos y ordena las letras de principio a fin del alfabeto.

Toda la información anterior está distribuida en un objetivo general que comprende el área en su conjunto, objetivos particulares que representan los niveles de desarrollo y los objetivos específicos que propiamente son el contenido a implementar. En cada uno de los objetivos específicos se describen los materiales, el procedimiento a utilizar (que involucra las actividades y las técnicas), así como los criterios de logro para poder realizar cada paso hasta alcanzar lo definido en cada uno de ellos.

Es importante que quienes apliquen el manual tengan idea clara de lo que se les pide por medio de los objetivos, porque de esa manera podrán idear otras actividades, ejercicios, materiales para satisfacer las necesidades de desarrollo del niño, considerando sus propias posibilidades. También hay que tomar en cuenta que las edades referidas son aproximadas a las de los niños normales, lo que significa que son referentes para orientar la intervención en los niños.

Este manual, por tanto, da la pauta y guía los eventos del desarrollo cognoscitivo a aquellas personas que no tienen experiencia en implementarlas, pero también da la oportunidad a los cuidadores ya experimentados a diseñar y crear otras actividades propicias a las necesidades de los niños que atienden, respetando la secuencia del desarrollo psicológico, y considerando las ayudas y apoyos especiales que requieren cada uno de los niños.

Agradecimientos a:

Francisca Béjar Nava y
Teresa L. Aquino López

Nivel I

De cero a seis meses

CATEGORÍA: CAPACIDADES SENSOPERCEPTUALES

Subcategoría: Reaccionar al sonido

Objetivo 1

El niño, acostado boca arriba, cambiará su conducta de activa a pasiva, o viceversa, inmediatamente al escuchar ruidos repentinos y fuertes producidos a 30 cm de distancia frente a su cara, en dos de tres ocasiones seguidas.

Material

Un silbato.

Actividad y procedimiento

1. Coloque al niño acostado boca arriba; a 30 cm de distancia frente a su cara, haga sonar el silbato en forma repentina y fuerte, solamente en dos ocasiones seguidas; y varíe el sonido del silbato por una palmada o por un golpe entre dos objetos.

2. Este ejercicio es importante realizarlo, pues nos muestra la respuesta refleja necesaria, para que el niño preste atención a los diferentes objetos que lo rodean.

3. Después de que el niño cambie su conducta de pasiva a activa, o viceversa, al escuchar el sonido repentino y fuerte, háblele con calma y acaríciélo suavemente para tranquilizarlo, dos veces seguidas; pero si observa que no responde, hágalo una vez más.

16

Observaciones

ALERTA: Si el niño no responde ante ruidos repentinos y fuertes, acuda a su pediatra.

Objetivo 2

El niño, acostado boca arriba, volteará a ver el objeto que suena a una distancia de 30 cm a su izquierda o derecha, en dos de tres presentaciones seguidas.

Material

Una sonaja o una campana.

Actividad y procedimiento

1. Acueste al niño boca arriba, y muy cerca de uno de sus oídos, haga sonar la campana o la sonaja hasta que voltee ligeramente hacia la fuente del sonido. Recuerde que siempre debe felicitarlo, acariciándolo, besándolo y hablándole con suavidad cuando realice la conducta deseada.

2. Continúe con este ejercicio, retirando poco a poco la campana hasta hacerla sonar a 30 cm de distancia a su izquierda o derecha, para que voltee al menos dos de tres ocasiones seguidas.

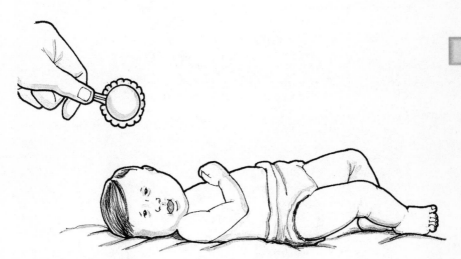

17

Subcategoría: Reaccionar a la luz

Objetivo 3

El niño, acostado boca arriba, observará una luz opaca que se mueve en forma horizontal y vertical a 30 cm de él, en dos de tres presentaciones seguidas.

Material

Una lámpara de mano y papel celofán.

Actividad y procedimiento

1. Recueste al niño sobre una almohada para levantar ligeramente su cabeza, y a 30 cm frente a su cara, mueva ligeramente de un lado a otro la lámpara hasta que siga con la vista la luz o cualquier objeto brillante. Para no lastimar su vista, utilice un trozo de papel celofán sobre la luz.
2. Repita esta actividad varias veces, hasta que el niño siga con la vista la luz o el objeto brillante que se desplaza de un lado a otro a 60 cm de su campo visual, como se indica en la siguiente figura.

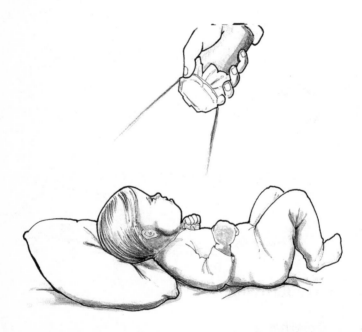

3. Una vez que el niño observe la trayectoria de la luz de un lado a otro, continúe trabajando en forma semejante, pero ahora mueva la luz de arriba abajo, y viceversa. Inicie moviendo la luz ligeramente, y paulatinamente vaya alargando la trayectoria,

18

hasta que el niño logre seguir visualmente la luz en una trayectoria de 60 cm, como se muestra en la siguiente figura. No olvide felicitar al niño

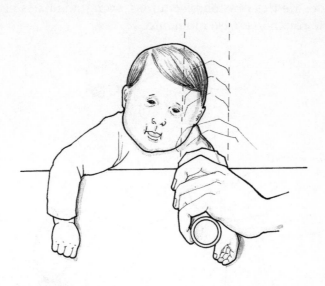

19

Objetivo 4

El niño, acostado boca arriba, mirará uno de dos objetos al escucharlos sonar en forma alternada, en dos de tres oportunidades seguidas.

Material

Dos sonajas, dos cascabeles u otros objetos que suenen.

Actividad y procedimiento

1. Recueste al niño sobre una almohada para levantar ligeramente su cabeza, frente a él sujete una sonaja en cada mano y hágalas sonar alternadamente, hasta que identifique la fuente del sonido dirigiendo su vista hacia la sonaja que esté sonando.

2. Varíe los materiales continuamente, para llamar la atención del niño.

3. Repita este ejercicio las veces necesarias, hasta que el niño dirija, en dos de tres ocasiones seguidas, su mirada hacia el objeto que esté sonando en ese momento.

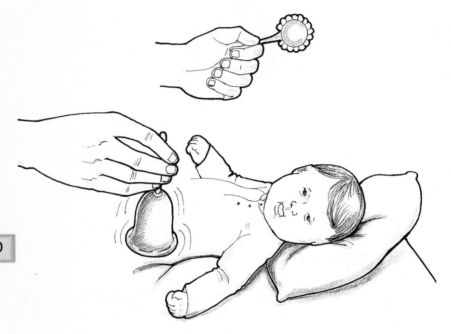

Subcategoría: Reaccionar al tacto

Objetivo 5

El niño, acostado boca arriba, quitará su brazo cuando se le acerque un objeto frío o caliente, en dos de tres presentaciones seguidas.

Material

Una secadora para cabello, una bolsa con agua caliente y una bolsa con hielo.

Actividad y procedimiento

1. Coloque al niño acostado boca arriba, y acérquele de repente la bolsa con agua caliente o la bolsa con hielo, sin tocar su brazo, hasta que lo retire de inmediato. Si no lo hace, utilice la secadora para cabello, y cerca de su brazo, enciéndala y apáguela rápidamente.

2. Repita este ejercicio varias veces hasta que el niño retire su brazo cuando se le acerque un objeto frío o caliente en dos de tres veces seguidas.

Observaciones

Es importante realizar este objetivo, para saber si el niño responde normalmente a estímulos fríos o calientes, de acuerdo con los receptores de la piel.

CATEGORÍA: SOLUCIÓN DE PROBLEMAS

Subcategoría: Tomar y quitar objetos

 ### Objetivo 6

El niño tomará un objeto cuando se le acerque, en dos de tres ocasiones seguidas.

 ### Material

Juguetes u objetos que llamen la atención del niño, por sus características de color, figura o sonido, con un peso aproximado de 100 gramos.

 ### Actividad y procedimiento

1. Acérquele al niño un juguete llamativo para que lo tome, pero si se le dificulta, guíe su mano para que lo sujete aunque sea por un momento.
2. Recuerde felicitar al niño cada vez que efectúe la conducta deseada; en un principio, cada ocasión que realice un buen intento.
3. Repita este ejercicio varias veces y disminuya su ayuda poco a poco, hasta que el niño logre dirigir su mano hacia el juguete y tomarlo aunque sea unos segundos, en dos de tres presentaciones seguidas.

Objetivo 7

El niño, acostado boca arriba, se quitará un pañuelo colocado sobre su cara, en un tiempo de cinco segundos, en dos de cuatro presentaciones seguidas.

Material

Un pañuelo.

Actividad y procedimiento

1. Coloque al niño acostado boca arriba, y ponga sobre su cara el pañuelo durante unos segundos, Si observa que no se lo quita, hágalo usted, y después diríjale una de sus manos para que lo sujete y lo jale poco a poco hasta quitárselo.
2. Repita este ejercicio varias veces disminuyendo en cada ocasión la ayuda proporcionada, hasta que el niño por sí solo se quite el pañuelo de la cara en un tiempo de cinco segundos después de ponérselo, en dos de cuatro veces seguidas.

23

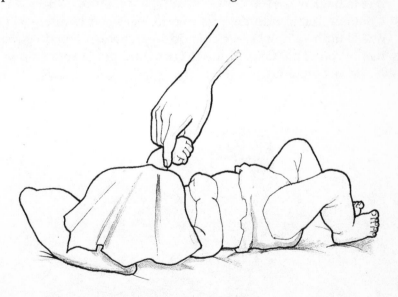

Objetivo 8

El niño encontrará su juguete, quitando un pañuelo que parcialmente lo cubre, en dos de tres presentaciones seguidas.

Material

Un juguete que llame la atención del niño y un pañuelo.

Actividad y procedimiento

1. Inicie jugando con el niño con un objeto que llame su atención. Cuando él muestre interés por el objeto, cubra éste parcialmente con el pañuelo en presencia del niño y pídale que lo encuentre quitando el pañuelo.

2. Si se le dificulta al niño este ejercicio, entonces retire el pañuelo para que lo observe y después él lo haga solo, pero si aún así se le dificulta, guíe su mano para que sujete el pañuelo y lo quite.

3. Repita varias veces el ejercicio con diversos juguetes para interesar al niño, y disminuya en cada ocasión la ayuda prestada hasta que lo haga él solo.

4. Continúe trabajando de igual modo, pero con la diferencia de que el niño ya no observe cuando su juguete es tapado parcialmente con el pañuelo, y que lo encuentre por sí solo en dos de tres veces seguidas.

Objetivo 9

El niño sacudirá y se llevará a su boca un juguete cuando se le dé, en dos de tres ocasiones seguidas.

Material

Juguetes limpios de diferentes características en textura, color y forma.

Actividad y procedimiento

1. Proporciónele al niño un juguete que sea de su agrado y deje que lo explore, ya sea llevándoselo a la boca, golpeándolo contra otro objeto o su propio cuerpo, y sacudiéndolo, entre otras formas de exploración.
2. Tenga cuidado con la limpieza de los juguetes y del lugar donde se trabaja, y vigile sus movimientos para que no se lastime.
3. Si el niño no realiza el ejercicio, muéstrele cómo explorar cada juguete; hágalos sonar, golpéelos rítmicamente contra otro objeto, haga que rueden o giren en su eje, para iniciar o impulsar su curiosidad, y anímelo a que él mismo los manipule.
4. Realice este ejercicio varias veces hasta que el niño, por sí solo, explore los juguetes que se le den; en dos de tres ocasiones.

25

Objetivo 10

El niño encontrará su juguete favorito, entre otros, dentro de una caja, en dos de cuatro ocasiones seguidas.

Material

Una caja de 15 × 15 cm aproximadamente, y varios objetos que quepan en la caja.

Actividad y procedimiento

1. Primero juegue con varios juguetes y objetos pequeños con el niño, y detecte cuál de ellos es de su preferencia, para después de un tiempo ponerlo dentro de una caja, junto con otros objetos, y que el niño lo encuentre al remover los demás.

26

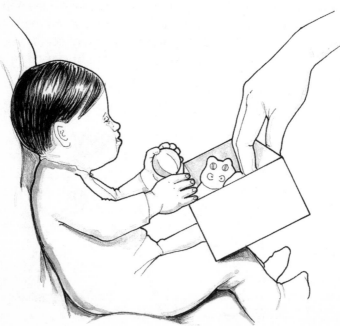

2. Recuerde que a esta edad es fácil que el niño se entretenga con los demás objetos, pero finalmente encontrará su juguete favorito. Si no lo hace, realice el ejercicio para que él lo observe; exagere sus expresiones faciales y movimientos, con el fin de involucrarlo en el juego.
3. Pero si aún así el niño no realiza el ejercicio, guíe su mano para remover los objetos de la caja y encontrar su juguete.
4. Repita el ejercicio las veces que sean necesarias, y disminuya gradualmente la ayuda proporcionada hasta que lo encuentre por sí solo, en dos de cuatro ocasiones seguidas.

Objetivo 11

El niño, con un objeto en cada mano, soltará uno de ellos para tomar un tercer objeto, en dos de cuatro presentaciones seguidas.

Material

27

Tres juguetes pequeños de la preferencia del niño.

Actividad y procedimiento

1. Empiece jugando con el niño, con dos juguetes que llamen su atención, y guíele las manos para que tome uno en cada una, pero si no lo hace, realice el ejercicio mientras él lo observa. Procure golpear los objetos de cada mano, uno contra otro, a fin de llamar la atención del niño, y después déselos para que los tome.
2. Una vez que el niño tome un juguete en cada mano, preséntele un tercer objeto, que llame su atención inmediatamente al escucharlo sonar, y acérqueselo para que lo tome, soltando uno de los objetos que tiene en las manos.
3. Procure variar los juguetes, y realice este ejercicio varias veces hasta que el niño muestre la conducta deseada, en dos de cuatro veces seguidas. No olvide acariciarlo y hablarle cariñosamente cuando lo haga.

Objetivo 12

El niño destapará una caja de 15 × 15 cm en un tiempo de 15 segundos, en dos de tres ocasiones seguidas.

Material

Una caja de 15 × 15 cm con tapa y un juguete del interés del niño.

Actividad y procedimiento

1. Coloque el juguete dentro de la caja y tápela parcialmente.
2. Muéstrele al niño cómo destapar la caja y tomar el juguete. Vuelva a colocar el juguete dentro de la caja y tápela parcialmente. A continuación pida al niño que la destape; si no lo hace, guíe su mano para que la destape.
3. Repita el ejercicio las veces que sean necesarias hasta que el niño destape la caja, motivado por encontrar el objeto que se encuentra dentro.

4. Continúe trabajando en la misma forma, pero ahora tape totalmente la caja, para que el niño la destape y encuentre el objeto.
5. Pídale mayor rapidez en cada ocasión, hasta que destape la caja en un tiempo de 15 segundos en dos de tres ocasiones seguidas.

29

 Objetivo 13

El niño tratará de tomar un objeto liviano, al verlo caer, en dos de cuatro oportunidades seguidas.

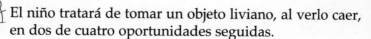 **Material**

Objetos livianos como: globos inflados o pedacitos de papel.

 Actividad y procedimiento

1. Frente al niño, deje caer un globo para que vea cómo cae. Si no le presta atención, utilice varios globos o papelitos.

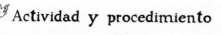

2. Trate de agarrar los globos cuando caen, para que el niño lo observe y lo imite. Felicítelo y acaríciélo cuando intente tomar un objeto liviano al verlo caer, en dos de cuatro ocasiones seguidas, aunque no logre agarrarlos.

CATEGORÍA: DISCRIMINACIÓN

Subcategoría: Personas

Objetivo 14

El niño volteará al escuchar la voz de una persona conocida que le habla a una distancia de 20 cm, en cinco ocasiones seguidas.

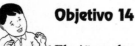

Material

Ninguno.

Actividad y procedimiento

1. Siente al niño en su cuna, recargado en una almohada, y en completo silencio háblele de repente a su izquierda o derecha a una distancia de 20 cm de sus oídos, para que voltee al reconocer la voz que le habla. Si no voltea, repita el ejercicio y háblele más cerca, juegue un rato con él, y aléjese poco a poco hasta estar a 20 cm de distancia.
2. El niño debe realizar la conducta deseada en cinco ocasiones seguidas.

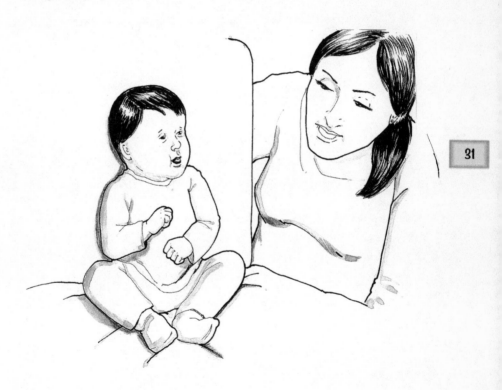

Nivel 2

De seis a 12 meses

CATEGORÍA: CAPACIDADES SENSOPERCEPTUALES

Subcategoría: Distinguir sonidos

Objetivo 15

El niño escuchará, durante un lapso de cinco segundos, el tictac de un reloj al colocárselo cerca de los oídos derecho e izquierdo, en dos de tres presentaciones.

Material

Relojes de diferente tamaño, una campana, cascabeles, una sonaja.

Actividad y procedimiento

1. Cuando el niño se encuentre acostado y tranquilo, acérquele uno de los relojes a unos 3 cm, aproximadamente; inicie con aquel en que se escuche fuerte y claramente el tictac, como un reloj despertador. Manténgalo ahí durante unos cinco segundos

y espere a que el niño muestre que escucha el sonido del reloj al hacer cualquier movimiento corporal visible, como moverse hacia donde proviene la fuente del sonido, hacer gestos, mover la cabeza, mover la mano para querer tomar el reloj, etc. Cambie el reloj del oído derecho al izquierdo y viceversa.

34

2. Si el niño realiza movimientos leves o unas ocasiones sí y otras no, ayúdelo, tome su cabeza suavemente y muévala hacia donde está el reloj. Repita esto varias veces, y después retire poco a poco su ayuda.

3. Varíe la actividad presentándole otros objetos que produzcan sonidos, como los cascabeles, la campana, la sonaja, etc., y muévalos suave y fuertemente. Puede ayudar al niño, como en el paso anterior, y retirar gradualmente su ayuda hasta lograr que realice cualquier movimiento corporal visible que demuestre que está escuchando.

4. Recuerde alabar al niño por cada intento que haga al escuchar el tictac.

Observaciones

En caso de que el niño no realice ningún movimiento corporal visible y se sospeche que tiene dificultad para escuchar con uno de los oídos, consulte al pediatra, para que revise al niño.

Objetivo 16

El niño señalará los dibujos con el dedo índice en un tiempo de 10 segundos después de la presentación en dos de tres ocasiones.

Material

Dibujos con figuras grandes y de colores vivos, pedazos de tela de diferente textura, diamantina, cordones y listones.

Actividad y procedimiento

1. Coloque los dibujos frente al niño, uno a uno, y recorra la figura con el dedo índice, dígale el nombre y haga una breve descripción de lo que sepa. Por ejemplo: "mira… aquí está el bebé. Lo está cargando su mamá". Realice el movimiento lentamente para que el niño lo observe.
2. Ahora pídale al niño que señale el dibujo. Si logra hacerlo muéstrele su agrado.

3. Si el niño no realiza la actividad, ayúdelo, tome suavemente su mano y su dedo índice, guíelo para realizar el movimiento de señalar cada uno de los dibujos.

4. Puede ayudar al niño modificando los dibujos con las telas, los cordones y los listones formando el dibujo y guiándolo para que señale cada uno de los dibujos. Permita que pase su dedo por los diferentes materiales para que perciba las diferentes texturas.

5. Puede también recortar el dibujo y colocarlo sobre un pedazo de tela.

6. Retire poco a poco su ayuda permitiendo que el niño señale cada dibujo modificado con los diferentes materiales. Después, presente poco a poco los dibujos con menos texturas que los resalten hasta presentar solamente los dibujos. Recuerde estimular y mostrar su agrado por cada intento del niño.

Objetivo 17

El niño encontrará y tomará una sonaja que se encuentra dentro de una caja de 15 × 15 cm en un lapso de 15 segundos, en dos de tres veces seguidas.

Material

Cajas de diferente tamaño sin tapa, sonajas, juguetes con una forma y tamaño similar al de las sonajas y que de preferencia también emitan sonidos.

Actividad y procedimiento

1. Coloque frente al niño una caja más chica que la sonaja, y pídale que observe lo que hace y dígale, por ejemplo: "Mira, tu sonaja la voy a guardar aquí", al mismo tiempo que la mete en la caja. Repita esto varias veces y después pídale que la tome.

2. Si el niño no realiza ningún movimiento, tome suavemente su mano y guíela a que agarre la sonaja, después de haberla guardado frente a él. Repita varias veces el ejercicio y después retire poco a poco su ayuda.

3. Una vez que el niño encuentre la sonaja en la caja chica, presente cajas cada vez más grandes hasta llegar a la que mide 15 × 15 cm. Otra forma de ayudar al niño a encontrar la sonaja es tomar la caja por la parte de abajo y moverla.
4. Varíe la actividad con otros objetos similares a la sonaja.
5. Sea constante para que el niño aprenda a encontrar la sonaja en la caja, en dos de tres veces seguidas.

CATEGORÍA: SOLUCIÓN DE PROBLEMAS

Subcategoría: Encontrar objetos

Objetivo 18

El niño quitará un pañuelo para buscar un juguete escondido por un adulto ante su presencia, en un lapso de cinco segundos, en dos de tres presentaciones seguidas.

Material

Un pañuelo, juguetes.

 **Actividad y procedimiento**

1. Inicie la actividad jugando con el niño para captar su atención e interés por un juguete. Cuando el niño esté observando, cubra todo el juguete con el pañuelo y pídale que lo busque y lo encuentre levantando el pañuelo.

2. Si el niño no logra hacer el paso anterior, no se desespere y ayúdelo. Vuelva a empezar jugando con el niño y enseñándole su juguete favorito. Ante su presencia cubra el juguete, pero no del todo, y pídale que lo encuentre. Repita varias veces este ejercicio. Después, poco a poco cúbralo por completo.

3. Si el niño aún requiere más ayuda para poder realizar la actividad, ayúdelo, tome suavemente su mano y guíesela para que levante el pañuelo cuando cubra el juguete. Repita este ejercicio varias veces y después retire su ayuda, pidiéndole que quite el pañuelo por sí solo. Cuando logre hacer este paso, entonces puede tapar el juguete totalmente. Sólo si es necesario, ayúdelo de nuevo guiándolo con la mano a levantar el pañuelo. Retire gradualmente su ayuda hasta lograr que el niño solo levante el pañuelo.

4. Varíe la actividad alternando sus juguetes favoritos.

Objetivo 19

El niño jalará por una cuerda un objeto, desplazándolo al menos 10 cm, en dos de tres veces seguidas.

Material

Un cordón, juguetes, cascabeles y listones de colores.

Actividad y procedimiento

1. Presente sólo un objeto a la vez, comience con el que más le gusta al niño.
2. Colóquele el cordón y demuestre al niño cómo puede jalarlo para alcanzar su juguete favorito. Realice los movimientos lo más lentamente posible, y cuide de que el niño lo observe; háblele y dígale, por ejemplo: "Mira, jalamos el juguete y así lo alcanzamos." Ahora pídale al niño que haga lo mismo que usted.
3. Si el niño no realiza ningún movimiento, tome suavemente su mano y guíela a que jale el cordón, para alcanzar el juguete. Otra forma de ayudarlo es colocar cascabeles al cordón, para captar la atención del niño.

39

4. Varíe la actividad con diferentes juguetes, y cambiando el cordón por los diferentes listones de colores.
5. Sea constante para que el niño aprenda a jalar el cordón del juguete. Hasta que logre desplazarlo 10 cm, en dos de tres veces seguidas.

Objetivo 20

El niño sacará y meterá un cubo de 2 × 2 cm de una taza, en un tiempo de 10 segundos después de la petición, en dos de tres ocasiones seguidas.

Material

Cubos de colores de 2 × 2 cm, tazas de plástico, y cubos que se abren y pueden colocárseles dentro cascabeles (opcional).

40

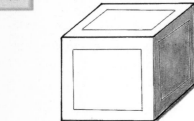
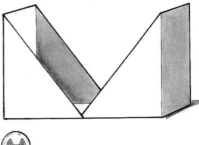

Actividad y procedimiento

1. Muestre sólo un cubo y una taza a la vez.
2. Inicie la actividad jugando con el niño, con el cubo y la taza, para interesarlo en ellos; dígale, por ejemplo: "Mira, vamos a jugar." Cuando el niño lo observe, meta el cubo en la taza, con calma, y después enséñele cómo puede sacarlo. Pídale entonces que lo saque.

3. Si el niño no realiza ningún movimiento, tome con suavidad una de sus manos y guíesela para que saque el cubo de la taza. Repita varias veces este movimiento y retire poco a poco su ayuda, hasta lograr que el niño solo realice la actividad.

41

4. Ahora coloque el cubo a un lado de la taza y pídale que meta el cubo en la taza. Si logra hacerlo, demuéstrele su agrado.
5. Si el niño no realiza ningún movimiento, o lo hace de manera incorrecta, tome suavemente su mano y guíesela para que meta el cubo en la taza. Repita varias veces esta actividad, retire su ayuda poco a poco hasta que la realice por sí solo.
6. Varíe la actividad presentando diferentes cubos y tazas. Practique la actividad, para lograr que el niño meta el cubo en dos de tres veces seguidas.

Objetivo 21

El niño levantará una taza invertida que colocó un adulto, ante su presencia, sobre un cubo de 2 × 2 cm, en un lapso de 10 segundos después de la petición, en dos de tres ocasiones seguidas, y tomará el cubo que está bajo la taza.

Material

Cubos de colores de 2 × 2 cm, una taza de plástico, una red de plástico, cinta adhesiva de colores y juguetes pequeños.

Actividad y procedimiento

1. Presente sólo un cubo y una taza a la vez, comience con aquellos que más le gustan al niño.
2. Comience la actividad jugando con el niño con la taza y algún otro juguete, ya sea un cubo o un juguete pequeño. Después, coloque la taza y a un lado el cubo o el juguete, y en presencia del niño, tápelo con la taza invertida, mientras le explica lo que hace; dígale, por ejemplo: "Mira, estoy tapando el cubo con la taza." Haga el movimiento lentamente. Ahora pídale al niño que haga lo mismo que usted.

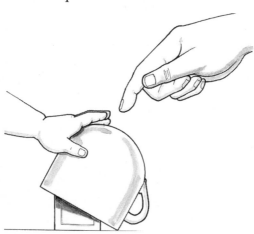

3. Puede ayudar al niño colocando la red de plástico a la taza para evitar que se le resbale. Otra forma es colocarle un pedazo de cinta adhesiva de colores en donde debe poner los dedos para levantar la taza invertida; para esto, elija la parte de la taza donde el niño la levante más fácilmente, como su asa.
4. Para enseñar al niño a tomar el cubo que está bajo la taza, primero juegue con los objetos con él. Cuando el niño muestre in-

terés por ellos, tome la tasa y colóquela sobre el cubo. Pídale entonces que la levante y tome el cubo, al mismo tiempo que le dice: "Saca el cubo."

5. Si el niño requiere ayuda para encontrar el cubo, puede ayudarlo empleando un cubo con cascabeles dentro y moviendo la superficie o la taza. Levante la taza con calma y vuelva a cubrir el cubo con ella. Nuevamente pida al niño que levante la taza para que tome el cubo. Sólo en caso de que el niño requiera ayuda para que no se le resbale la taza, coloque la red de plástico a la taza; de esta manera evitará que se le caiga. También puede ayudarle en poner al asa un poco de cinta adhesiva de colores llamativos. Ayúdele varias veces y poco a poco retire su ayuda, hasta que el niño realice la actividad solo.

6. Pero si el niño necesita más ayuda para desarrollar la actividad de levantar y tomar el cubo por sí solo, tome con suavidad su mano y guíelo en cada uno de los movimientos. Repita varias veces y después retire su ayuda.

7. Varíe la actividad con los juguetes pequeños, y sea constante para que el niño tome el cubo al levantar la taza invertida, en dos de tres presentaciones seguidas.

43

CATEGORÍA: DISCRIMINACIÓN

Subcategoría: Objetos

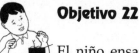

Objetivo 22

El niño ensamblará un círculo de 10 cm, en su forma correspondiente después de la demostración, en tres de cuatro ocasiones seguidas.

Material

Un tablero circular de 10 cm, un círculo de 10 cm con poste de apoyo o sin él, una caja con la forma circular de 10 cm y una esfera de formas con su forma circular.

Actividad y procedimiento

1. Presente el tablero o la caja circular y el círculo, inicie con el que tiene poste o agarradera de apoyo.
2. Muestre al niño lo que tiene que hacer, con un movimiento lento al ensamblar el círculo en la caja o el tablero.
3. Pida al niño que ensamble el círculo en el tablero.

4. Si el niño no realiza ningún movimiento, vuelva a efectuar el paso 2, pero ahora tome con delicadeza su mano y guíesela hasta que ensamble el círculo en el tablero mientras le explica qué es un círculo. Retire paulatinamente la ayuda.
5. Varíe la actividad presentando círculos de colores con poste de apoyo o sin él, así como diferentes lugares dónde ensamblarlos, es decir, el tablero, la caja o la esfera de formas.
6. Sea constante para lograr que el niño ensamble el círculo después de la demostración, en tres de cuatro veces seguidas.

Subcategoría: Alimentos

 Objetivo 23

El niño escupirá un alimento de sabor desagradable, en dos de tres presentaciones.

Material

Alimentos de sabor desagradable para el niño, jugo.

 Actividad y procedimiento

1. En este objetivo lo que resulta importante es que el niño rechace con gestos los alimentos que le son desagradables. Primero déle el alimento desagradable, que puede ser de un sabor amargo, ácido, etc., y pídale que lo coma. Si realiza gestos de desagrado, se retira o rechaza el alimento, muéstrele su agrado con caricias y besos, por haberlo hecho. Termine la actividad ofreciéndole un poco de su jugo favorito, para ayudarle a que se desvanezca el sabor desagradable.

Subcategoría: Olores

Objetivo 24

El niño moverá la cabeza o se retirará ante un olor fuerte o desagradable, en dos de tres presentaciones, y no lo hará en el caso de un olor agradable.

Material

Sustancias de olor fuerte o desagradable para el niño, como el vinagre, el alcohol, etc., y sustancias de olor agradable, como perfume, etcétera.

Actividad y procedimiento

46

1. Coloque cerca de la nariz del niño la fuente de olor fuerte. Si el niño mueve la cabeza para retirarse, muéstrele su agrado.

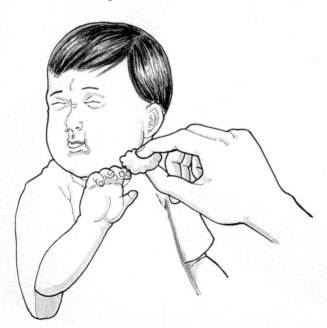

2. Si el niño no realiza ningún movimiento, cambie las sustancias hasta encontrar algunas que no le agraden. Entonces tome suavemente su cara y muévasela hacia donde deje de oler el aroma desagradable, de tal modo que retire su cabeza. Repita varias veces este ejercicio hasta que el niño se retire por sí solo.

3. Lo importante es que el niño aprenda a alejarse de los olores desagradables. Sea constante para lograr que él mueva la cabeza y haga gestos de desagrado ante olores fuertes o desagradables, en dos de tres presentaciones.

Posteriormente haga la misma actividad, pero ahora utilizando sustancias con aroma agradable:

1. Permita al niño oler la sustancia de olor agradable, y luego muévala lentamente de un lado a otro y cerca de su nariz. Si el niño sigue con la cabeza el olor agradable, está cumpliendo con el objetivo.

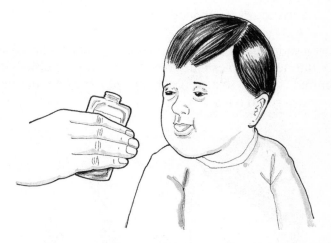

47

2. Si el niño no persigue el olor, ayúdelo. Comience con oler la sustancia de aroma agradable y haga un gesto de agrado, cuide que el niño lo observe. Ahora pídale que realice lo mismo.

3. Si el niño no se mueve en absoluto, tome suavemente su cara y muévala hacia donde se encuentra el olor agradable. No olvide que si el niño coopera y realiza la actividad, debe felicitarlo. Después de repetir varias veces este paso, retire su ayuda poco a poco hasta que el niño mueva la cabeza hacia el olor agradable, en dos de tres presentaciones seguidas.

Subcategoría: Animales

Objetivo 25

El niño imitará el sonido de dos de tres animales conocidos (perro, gato y pollo), en dos de tres oportunidades seguidas.

Material

Juguetes con forma de perro, gato y pollo, una grabadora y un cassette de los sonidos que emiten estos animales (opcional).

Actividad y procedimiento

1. Inicie jugando con el niño con el juguete que más llame su atención. Cuando el niño esté interesado en el juego, imite el sonido del animal con que se juega; por ejemplo, si está jugando con el perro, ladre como ellos. Pídale entonces que haga lo mismo.

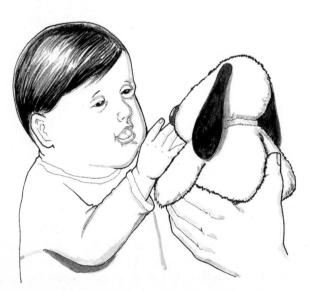

2. Realice la misma actividad con los demás juguetes, es decir, con el gato y con el pollo.

3. Varíe la actividad para permitir que el niño escuche en la grabadora el cassette con los sonidos de estos animales, al mismo tiempo que juega con él y uno de los juguetes. Otra forma de variar la actividad es llevar al niño cerca de un perro, un gato o un pollo para que los escuche ladrar, maullar y piar, respectivamente, y después pedirle que trate de imitarlos.

4. Si el niño no emite ningún sonido, repita varias veces la imitación que usted hace. Cuando el niño haga cualquier sonido, aun cuando no se parezca al del animal, estimúlelo. Repita varias veces este paso y poco a poco pídale que trate de hacer el sonido cada vez más real. Para esto es importante que le muestre su agrado por cada intento, y después por lograr imitar el sonido deseado.

5. Sea constante para que el niño logre imitar los sonidos que se le piden.

Subcategoría: Sonidos

49

Objetivo 26

El niño volteará hacia la fuente de un sonido fuerte, que se produce a una distancia de uno a tres metros, en dos de tres presentaciones.

 Material

Una campana, un pandero, un tambor de juguete, etcétera.

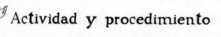 **Actividad y procedimiento**

1. Juegue con el niño con alguno de los objetos que emiten sonido, como la campana, moviéndolo para que suene. Retírese poco a

poco del niño y vuelva a moverlo. El niño debe voltear hacia donde se produce el sonido.

2. Ahora párese detrás del niño y mueva la campana. Haga lo mismo con los otros juguetes que producen sonidos.

3. Pero si el niño no se mueve para buscar de dónde proviene el sonido, ayúdelo. Pida a otra persona que haga sonar los juguetes, primero a los lados del niño, mientras usted toma suavemente su cara y la voltea hacia la fuente del sonido fuerte. Diga ahora a la persona que suene alguno de los juguetes detrás del niño, y usted lo voltea hacia donde se produce el sonido. Repita varias veces este paso y después retire su ayuda poco a poco hasta que el niño solo desarrolle la actividad deseada.

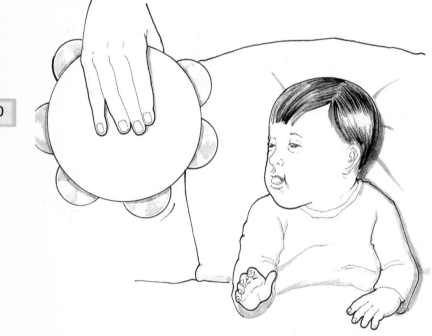

50

4. Una vez que el niño voltee y realice los pasos anteriores, haga sonar los juguetes cuando él no lo vea. Recuerde que deben ser sonidos fuertes, para captar su atención. Cuide que no haya otro sonido cerca, para no confundir al niño.

5. Sea constante para lograr que el niño realice la actividad como lo marca el objetivo.

CATEGORÍA: PREACADÉMICAS

Subcategoría: Preescritura

Objetivo 27

El niño, con un crayón grueso y con ayuda de un adulto, garabateará en dos veces seguidas.

Material

Crayones gruesos de diferente color, cinta adhesiva de colores llamativos, y hojas.

Actividad y procedimiento

1. Siente al niño frente a la mesa, acomódese a su lado, y pídale que tome el crayón grueso.
2. Si el niño no toma el crayón con todos sus dedos, tome con suavidad su mano y guíesela a que tome el crayón con todos los dedos. Retire su ayuda poco a poco después de repetir varias veces la actividad.
3. Cuando el niño tome el crayón con todos los dedos, dígale que van a dibujar, al mismo tiempo que toma su mano y se la guía a que garabatee trazos sencillos. Recuerde que el niño debe aprender a garabatear con su ayuda.

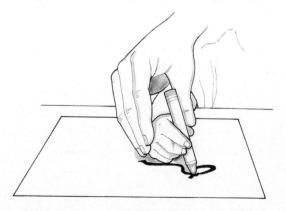

4. Cuando el niño coopere y garabatee con ayuda en dos veces seguidas, habrá cumplido el objetivo.

Objetivo 28

El niño, después de una demostración, garabateará con un crayón grueso (aunque lo tome incorrectamente), en dos de tres veces.

Material

Crayones gruesos de diferentes colores, y hojas.

Actividad y procedimiento

1. Siéntese a un lado, detrás del niño, tome una hoja y póngala frente a él, y pídale que tome el crayón con todos los dedos y trate de hacer lo que usted va a hacer. Entonces, enséñele cómo garabatear. Realice los movimientos lo más lentamente posible y cuide que él lo observe. Para esto, describa lo que hace, dígale, por ejemplo: "Mira, así se dibuja." Pídale que efectúe lo mismo que usted.

2. Si el niño no realiza ningún movimiento o no logra garabatear, ayúdelo tomando suavemente su mano y guiándosela para que garabatee. Repita varias veces este ejercicio. Después retire poco a poco su ayuda hasta que el niño garabatee por sí solo.

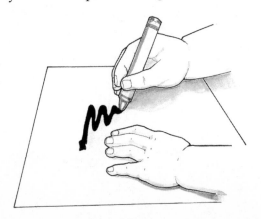

52

3. Sea constante para que el niño aprenda a garabatear después de la demostración, en dos de tres veces seguidas.

Objetivo 29

El niño tomará correctamente el crayón, con los dedos pulgar, índice y medio, en dos de tres presentaciones seguidas.

Material

Crayones gruesos y delgados, hojas, cinta adhesiva de colores, estrellas adheribles, y una bolita de unicel.

Actividad y procedimiento

1. Siéntese a un lado detrás del niño, y coloque frente a él las hojas y uno de los crayones, comience con el que tome más fácilmente, ya sea uno grueso o uno delgado. Muéstrele entonces cómo se toma el crayón de manera correcta con los dedos pulgar, índice y medio, y dibuje cualquier trazo sencillo; realice cada movimiento lo más lentamente posible. Después pida al niño que trate de hacer lo mismo.

2. Si el niño toma el crayón con todos los dedos, ayúdelo colocando su mano sobre la de él para ponerle los dedos en la posición correcta. Repita varias veces este paso, para después retirar su ayuda poco a poco.

53

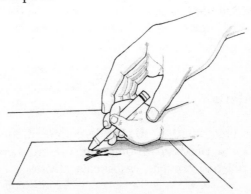

3. Otra forma de ayudar al niño es colocar, en sus dedos pulgar, índice y medio, un pedazo de cinta adhesiva o las estrellas adheribles para que identifique los dedos que debe emplear. En caso de que el niño muestre dificultad para sostener el crayón, pegue a éste la bolita de unicel y pídale que lo sostenga de esa parte. Después de practicar varias veces esta actividad, retire poco a poco la ayuda hasta que el niño realice la actividad tal y como lo marca el objetivo.

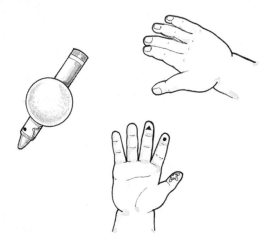

54

4. Sea constante para lograr que el niño aprenda a tomar correctamente el crayón en dos de tres presentaciones seguidas.

Objetivo 30

El niño mirará un objeto de 10 × 10 cm que se mueve lentamente frente a él, a una distancia de 90 cm a 1 m en un tiempo de 10 segundos después de la petición en dos de tres ocasiones.

Material

Juguetes de 10 × 10 cm, de colores llamativos y que al moverse produzcan sonido, por ejemplo, móviles, figuras de plástico, sonajas, cascabeles, etcétera.

Actividad y procedimiento

1. Siente al niño en sus piernas y pídale a otra persona que le hable y le enseñe el juguete moviéndolo lentamente frente a él a una distancia de 30 cm, espere unos 10 segundos a que el niño voltee y mire el objeto.

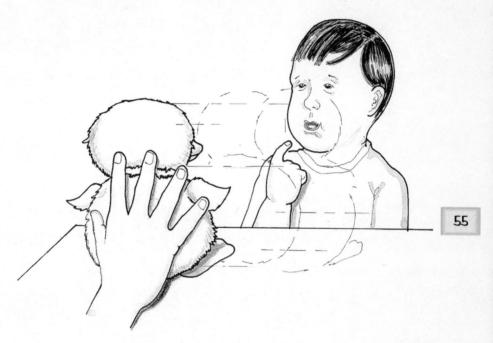

2. Si el niño logra hacer lo que se le pide, muéstrele su agrado.
3. Si el niño no puede hacer lo que se le pide de manera constante, ayúdele tomando suavemente su cara y guiándola para que vea hacia donde está moviéndose el juguete.
4. Poco a poco retire su ayuda hasta lograr que el niño voltee hacia el objeto en movimiento.
5. Para lograr captar la atención del niño más fácilmente, recuerde que es importante usar juguetes llamativos, de colores vistosos y que de preferencia produzcan sonidos. Puede usted ponerles listones y cascabeles.
6. Varíe la actividad cambiando el juguete y colocando al niño en diferentes lugares y posiciones.

Nivel 3

De 12 a 24 meses

CATEGORÍA: CAPACIDADES SENSOPERCEPTUALES

Subcategoría: Percepción visual

Objetivo 31

El niño mirará y acariciará las figuras de un libro en un tiempo de 10 segundos después de la petición, en dos de tres veces seguidas.

Material

Libros de dibujos con figuras grandes y de vivos colores, pedazos de tela (de diferente textura y color), diamantina, cordones y listones.

Actividad y procedimiento

1. Siéntese a un lado o detrás del niño, coloque frente a él un dibujo grande y pídale que lo acaricie. Si el niño hace lo que se le solici-

ta, recuerde mostrarle su agrado, hablándole cariñosamente, be -
sándolo, etcétera.

2. Si el niño no realiza ningún movimiento o tarda mucho en responder, enséñele cómo puede acariciar las figuras mostradas.
Efectúe el movimiento lo más lentamente posible, al mismo
tiempo que explica al niño lo que hace; dígale, por ejemplo:
"Mira, estoy acariciando al perrito." Repita varias veces y después pídale que haga lo mismo.

3. Si aún el niño requiere de más ayuda, tome su mano y guíesela
para que acaricie el dibujo. Otra forma de ayudarlo es colocándole al dibujo presentado los pedazos de tela, así como los cordones y los listones, para resaltarlo.

4. Retire poco a poco su ayuda, primero su mano y después las diferentes texturas, los cordones y los listones que resaltan las figuras. De esta manera, el niño acariciará en forma progresiva
las figuras por sí solo.

5. Puede variar la actividad al presentar diferentes figuras y diferentes texturas.

6. Sea constante para que el niño aprenda a acariciar las figuras de un libro cuando se le pide, en dos de tres veces seguidas.

CATEGORÍA: SOLUCIÓN DE PROBLEMAS

Subcategoría: Obtener objetos

Objetivo 32

El niño señalará con su dedo índice los objetos que quiere obtener, en dos de tres oportunidades.

Material

Juguetes de diferente textura y de colores, formas y tamaños llamativos para el niño.

Actividad y procedimiento

1. Inicie jugando con el niño con su juguete favorito. Cuando se encuentre interesado en el juguete, retírelo hasta un lugar donde él lo pueda ver, pero que necesite de su ayuda para obtenerlo (por ejemplo, arriba de él, sobre la mesa, etc.). Al pedírselo el niño, dígale que lo haga señalándolo con su dedo, de preferencia el índice. Si logra hacerlo, cumple con el objetivo.
2. Si el niño no realiza ningún movimiento, ayúdelo. Comience de nuevo jugando con él con su juguete favorito, después, retíreselo y dígale que se lo pida, mientras toma suavemente su mano y le enseña a señalarlo con su dedo índice. Repita varias veces este paso y luego reduzca en forma gradual la ayuda hasta lograr que el niño señale el juguete por sí solo.
3. Puede variar la actividad si cambia los juguetes, o cuando el niño le pida algo, dígale que lo señale con su dedo índice.

4. Sea constante para que el niño logre señalar con su dedo índice los objetos que quiere obtener, en dos de tres oportunidades.

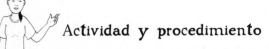

Objetivo 33

El niño sacará una pasa de una botella pequeña, al invertirla, en un tiempo de 15 segundos después de la petición, en dos de tres veces seguidas.

Material

Una botella pequeña, objetos pequeños que entren y salgan fácilmente de la botella, de preferencia del mismo tamaño que el de una pasa; pasas y dulces pequeños.

Actividad y procedimiento

1. Coloque frente al niño la botella con las pasas adentro y muéstrele lo que quiere que él haga, es decir, saque una pasa de la

botella al invertirla. Realice el movimiento lo más despacio posible y cuide que el niño lo vea. Háblele y describa lo que está haciendo; dígale, por ejemplo: "Mira, voy a sacar la pasa. Ahora hazlo tú."

2. Si el niño no puede desarrollar la actividad anterior, vuelva a mostrarle lo que debe realizar. Luego pídale que haga lo mismo que usted, a la vez que toma con suavidad su mano y lo guía a hacer los movimientos necesarios para invertir la botella y sacar la pasa. Repita varias veces este paso. Retire poco a poco su ayuda hasta lograr que el niño solo realice la actividad.

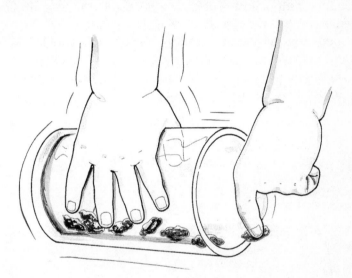

61

3. Varíe la actividad, cambie los objetos que el niño debe sacar de la botella. Como sugerencia, permita que el niño se coma una pasa de vez en cuando como recompensa por lograr sacarla.

4. Sea constante y no olvide mostrarle su agrado al niño por hacer lo que se le pide. Así logrará la conducta que marca el objetivo.

Objetivo 34

El niño encontrará dos objetos que están escondidos en tazas invertidas, en un lapso de 10 segundos después de la petición, en dos de tres oportunidades seguidas.

Material

Objetos de colores que sean pequeños y queden cubiertos totalmente con las tazas invertidas, juguetes pequeños, cubos de colores, y tazas de plástico.

Actividad y procedimiento

1. Enseñe al niño sólo los objetos y las tazas que va a utilizar, comience con los que más le gusten.
2. Comience la actividad jugando con el niño con los juguetes. Cuando él esté atento, tape los juguetes con las tazas invertidas y pregúntele dónde están. Si él levanta las tazas para encontrar los juguetes, habrá logrado el objetivo.

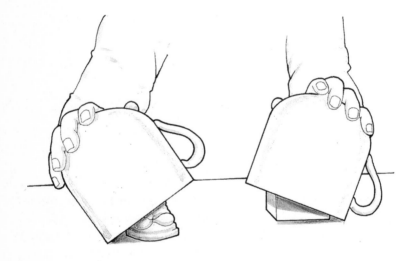

3. Si el niño no hace lo que le pide, préstele ayuda. Primero juegue con él con sus juguetes favoritos. Luego, tápelos ante su presencia con las tazas invertidas, y pregúntele otra vez dónde están, al mismo tiempo que toma suavemente sus manos y lo guía a que levante las tazas para hallar los juguetes. Repita varias veces este paso y después retire poco a poco su ayuda, hasta lograr que el niño realice la actividad por sí solo.

4. Sea constante y varíe la actividad con los diferentes juguetes de colores llamativos, para así lograr que el niño haga lo que se pide en el objetivo.

Objetivo 35

El niño alcanzará objetos con una varita en un tiempo de 15 segundos después de la demostración, en dos de tres ocasiones seguidas.

Material

Juguetes de diferente color, tamaño y textura, que sean llamativos para el niño, una varita de 30 a 40 cm de largo, y una varita con cuñita.

Actividad y procedimiento

1. Presente sólo la varita con cuñita y un juguete favorito del niño.
2. Coloque el juguete en la mesa y junto la varita, siente al niño frente a la mesa y, usted, siéntese detrás de él. Tome la varita y enséñele la forma en que puede alcanzar el juguete utilizándola.

Realice el movimiento lentamente y cuide que el niño lo observe; para eso puede describirle lo que hace, por ejemplo: "Mira cómo alcanzo tu juguete. Ahora hazlo tú."

3. Si el niño no realiza ningún movimiento, muéstrele nuevamente cómo alcanzar el juguete con la varita. Después, pídale que lo alcance, mientras toma suavemente su mano y lo guía en los movimientos necesarios para obtener el juguete con la varita. Repita varias veces este paso, hasta que el niño alcance el juguete con su ayuda, pero después retire su ayuda, para que él solo realice la actividad.

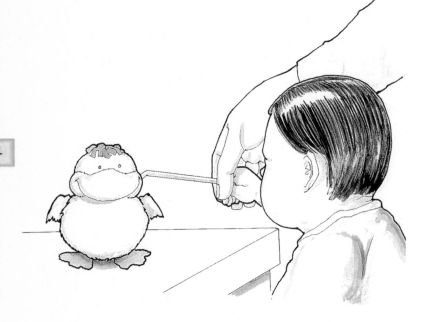

64

4. Cuando el niño alcance los juguetes con la varita con cuñita, cámbiela por la varita sola y pídale que desarrolle la actividad de alcanzar objetos con la varita. Sólo si es necesario, ayúdelo como en el paso 3, y disminuya también esta ayuda después de repetir varias veces el ejercicio.

5. Varíe la actividad cambiando los juguetes que le presenta al niño. Puede también utilizar objetos que se encuentren flotando en algún recipiente o en una tina; de esta forma será más llamativa la actividad.

Subcategoría: Seguir instrucciones

Objetivo 36

El niño insertará en un asta tres objetos perforados en 30 segundos, después de la demostración, en dos de tres veces seguidas.

Material

Objetos con una perforación en medio y una con un palo central (asta). (Se sugiere que para que resulten más llamativos al niño los objetos no sólo tengan colores llamativos, sino que formen figuras, además de que pueden ser graduados en cuanto al tamaño del agujero y faciliten la colocación en el asta.)

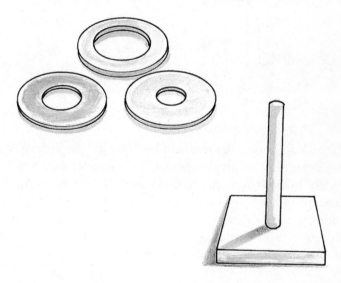

Actividad y procedimiento

1. Muestre al niño un juego de objetos perforados, comience con los que más le gustan, y la base con asta a la vez.
2. Inicie la actividad jugando con el niño con los objetos. Después,

muéstrele cómo entran los objetos perforados en el asta. Desarrolle con calma la demostración y cuide que el niño lo observe; para esto puede decirle, por ejemplo: "Mira cómo entran y forman un indio." Ahora tome suavemente las manos del niño y guíelo a que haga lo mismo que usted.

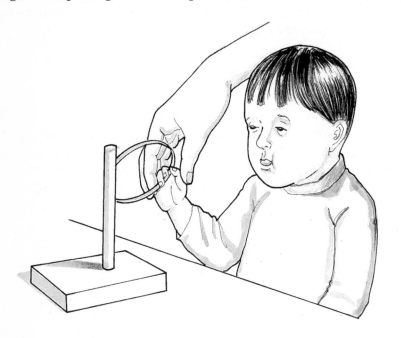

66

3. Varíe la actividad cambiando las figuras que entran en el asta. Puede ayudar al niño empleando los objetos con agujeros en el centro. Inicie con el que tiene la perforación más grande.
4. Cuando el niño coopere con usted y pueda meter los objetos con su ayuda, retire poco a poco ésta. Únicamente continúe con la demostración antes de pedirle que haga lo mismo que usted, en 30 segundos en dos de tres veces.

Objetivo 37

El niño imitará un adulto, cuando éste empuje cubos alineados que simulan un tren, en un tiempo de 10 segundos después de la demostración, en dos de tres presentaciones seguidas.

Material

Cubos de diferentes tamaños, colores y materiales (de plástico y madera), cubos que se abren y pueden ponerse cascabeles dentro. Tren de cuerda (opcional).

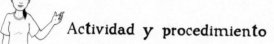

Actividad y procedimiento

1. Inicie la actividad jugando con el niño y los cubos que más llaman su atención. Cuando él esté atento y observe lo que usted hace, alinee los cubos como un tren, emitiendo el sonido de éste; dígale, por ejemplo: "Mira, voy a hacer un tren, chucu-chucu." Pídale entonces que haga lo mismo que usted.

2. Si el niño no efectúa la actividad, muéstrele otra vez cómo puede hacer un tren, y pídale que realice lo mismo, pero ahora ayúdelo, tome sus manos y guíelo para que forme un tren con los cubos alineados. Repita varias veces este ejercicio. Después retire su ayuda hasta lograr que el niño desarrolle la actividad solo.

67

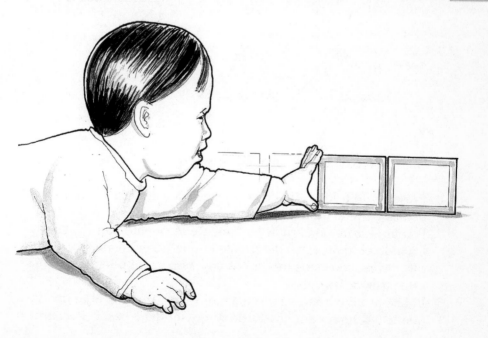

3. Varíe la actividad con otros juguetes, como para decirle al niño que lleve el tren a la casita o por abajo del puente, etc. También puede usar el tren de cuerda opcional, para mostrarle y motivarlo a simular un tren con los cubos al alinearlos.
4. Sea constante para que el niño logre realizar la actividad que se le pide en el objetivo.

Objetivo 38

El niño imitará un puente con tres cubos en un lapso de 10 segundos después de la demostración, en dos de tres oportunidades seguidas.

Material

Cubos de colores llamativos de aproximadamente 3 a 4 cm, cubos con cascabeles adentro, y cascabeles.

68

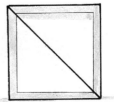

Actividad y procedimiento

1. Presente sólo los cubos con los que va a trabajar, y retire los demás para no distraer al niño.
2. Frente al niño construya lentamente el puente con los cubos. Cuando él lo observe, descríbale lo que hace; dígale, por ejemplo: "Mira, con estos tres cubos voy a hacer un puente." Repita este paso varias veces.
3. Pídale al niño que haga lo mismo, y deje frente a él el puente que usted hizo para enseñarle lo que él debe hacer. Recuerde

que siempre que el niño logre el objetivo deseado, debe mostrarle su agrado, alabarlo, felicitarlo, besarlo, hablarle cariñosamente, etcétera.

4. Sólo en caso de que el niño no realice ningún movimiento, ayúdelo. Vuelva a construir con calma el puente frente a él. Después tome con suavidad la mano del niño y guíelo a que haga el puente.

5. Poco a poco retire su ayuda. Coloque solamente un cubo y permita que el niño termine de formar el puente, así hasta lograr que él desarrolle la actividad por sí solo.

6. Varíe la actividad con cubos de diferentes colores y texturas (madera, plástico, etc.).

7. Recuerde que el niño debe hacer el puente con los tres cubos, después de que se le enseñó cómo hacerlo.

 ## Objetivo 39

El niño se parará de puntitas para alcanzar un objeto en un tiempo de 10 segundos después de la demostración, en dos de tres ocasiones seguidas.

 ## Material

Diferentes juguetes, globos, campanas, etc., que llamen la atención del niño; y una barra que le quede a la altura del pecho.

Actividad y procedimiento

1. Muestre al niño sólo su juguete favorito.
2. Es importante que el niño ya pueda permanecer parado más de un minuto, antes de que le enseñe este objetivo. Si el niño puede hacerlo, comience jugando con él con su juguete favorito. Cuando se encuentre interesado en éste, levántelo y colóquelo al frente a una altura donde lo pueda alcanzar si se para de puntitas. Indíquele que haga esto para que lo alcance. Si el niño logra tomarlo después de 10 segundos de que se le pidió que se parara de puntitas, habrá cumplido con el objetivo

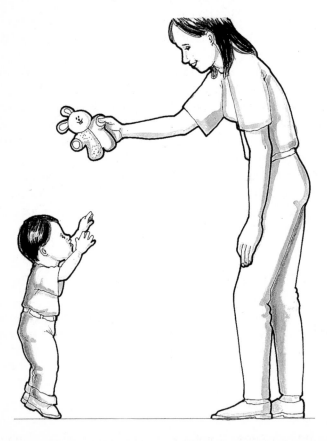

3. Si el niño no se para de puntitas, coloque una barra donde pueda apoyarse para pararse de puntitas. Muéstrele cómo hacerlo,

parándose de puntitas y alcanzando el juguete. Puede también solicitar a otro niño que realice la actividad, y pedirle al niño que lo observe. Después ayúdele a tomar el objeto, haga que se pare de puntitas mientras se sostiene en la barra. Efectúe varias veces el ejercicio y retire la ayuda de la barra en forma gradual.

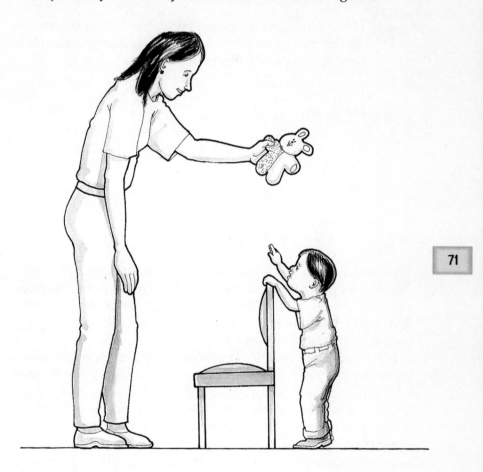

71

4. Si el niño aún necesita más ayuda, sosténgalo con las manos por la cintura o por debajo de los brazos, y levántelo ligeramente para pararlo de puntitas, al mismo tiempo que le pide a otra persona que levante el juguete. Repita varias veces el ejercicio y retire gradualmente su ayuda.
5. Varíe la actividad, ponga los juguetes sobre algún mueble donde el niño pueda tomarlos al pararse de puntitas. También

puede cambiar los juguetes que tenga que alcanzar. Sea constante para que el niño logre el objetivo.

Objetivo 40

El niño utilizará un banco para alcanzar un objeto que está en alto en un tiempo de 10 segundos después de la petición, en dos de tres veces seguidas.

Material

Un banco, y juguetes que le gusten al niño, en colores llamativos.

Actividad y procedimiento

72

1. Enseñe al niño un solo juguete a la vez, comience con su favorito.
2. Primero juegue con el niño con su juguete favorito. Después, cuando él lo esté observando, ponga el juguete en algún mueble donde pueda alcanzarlo subiéndose al banco. Pídale entonces que se suba y tome el juguete.
3. Si el niño no logra hacerlo, ayúdelo a subir tomándolo de una o ambas manos y dígale que levante su pierna para apoyarla en el banco; cuando esté bien apoyada, pídale que suba la otra y entonces suéltele las manos. Otra forma de ayudarlo es agarrándolo por la cintura. Después de realizar varias veces este paso, retire poco a poco su ayuda. Esto puede hacerlo mostrándole al niño dónde puede apoyarse o agarrarse para subirse y lograr lo que se le pide. Descríbale lo que debe hacer; dígale, por ejemplo: "Mira. Si te agarras de aquí, puedes subirte solo. Tú puedes. ¡Bravo, así se hace!" Recuerde que también debe pedirle al niño que tome el juguete una vez que suba al banco.
4. Sea constante para que el niño logre aprender a subirse al banco y alcanzar el juguete. Varíe la actividad cambiando las cosas que debe alcanzar. Recuerde que debe realizar esta actividad en 10 segundos, después de la petición, en dos de tres veces seguidas.

CATEGORÍA: DISCRIMINACIÓN

Subcategoría: Personas, animales y cosas

Objetivo 41

El niño nombrará a la mamá y al papá para identificarlos en una fotografía en un tiempo de 10 segundos después de que se le pida, en dos de tres presentaciones seguidas.

Material

Dos fotos del papá y dos de la mamá, que sean iguales.

Actividad y procedimiento

1. Siente al niño a la mesa y acomódese junto a él. Muéstrele la foto de la mamá, por ejemplo, y dígale que ella es su mamá y cómo se llama, señalándole dónde está. Es importante que en la fotografía sólo esté ella y nada ni nadie más. Permita que el niño la observe durante unos minutos.

2. Pídale entonces que señale dónde está su mamá. Recuerde que el objetivo es identificar a la mamá o al papá.

3. Pero si el niño no realiza lo que se le pide, tome suavemente su mano y guíelo a que la señale. Retire poco a poco esta ayuda, después de repetir varias veces el ejercicio.

4. Luego, pídale al niño que le muestre dónde está su mamá, al mismo tiempo que le enseña la otra foto igual.

5. Realice los mismos pasos, para enseñarle al niño quién es su papá. Cuando él pueda identificar a su mamá y a su papá, felicítelo y pídale que cuando los vea en la foto les diga mamá o papá, según sea el caso. Poco a poco exíjale mayor rapidez, para que mencione los nombres en un tiempo de 10 segundos, en dos de tres ocasiones seguidas.

Objetivo 42

El niño identificará a un bebé en una fotografía o ilustración en un tiempo de 10 segundos después de la petición, en dos de tres presentaciones seguidas.

Material

Dos fotos o ilustraciones de un bebé que sean iguales.

Actividad y procedimiento

1. Siente al niño frente a la mesa y, usted, siéntese a su lado. Coloque frente al niño la foto del bebé, dígale que ese es un bebé, que está chiquito, etc., y permita que la vea y juegue con ella por un momento.
2. Después, pídale que le muestre dónde se encuentra el bebé.
3. Ahora pídale de nuevo que le enseñe al bebé, al mismo tiempo que le muestra una foto igual, y explíquele que los dos son bebés. Recuerde mostrarle su agrado al niño por realizar la actividad.
4. Sólo en caso necesario, ayude al niño guiándolo en los movimientos necesarios para realizar la actividad, ya sea en el paso 2 o en el paso 3. Repita varias veces, y después retire su ayuda en forma paulatina hasta que el niño solo identifique al bebé en dos de tres veces seguidas.

Objetivo 43

El niño identificará a un familiar en una fotografía en un tiempo de 10 segundos, cuando se le pida, en dos de tres oportunidades seguidas.

Material

Dos fotografías iguales de un familiar.

Actividad y procedimiento

1. Siéntense a la mesa, usted y el niño. Muéstrele la fotografía de un familiar (de preferencia la de alguno que el niño vea frecuentemente), y dígale dónde está, cómo se llama, etc. Permítale que la observe y juegue con ella por un momento.

2. Pídale al niño que le muestre una foto donde está su familiar, al mismo tiempo que le presenta la otra foto y le explica que en las dos fotos aparece su familiar.

77

3. Sólo si el niño necesita de su ayuda, tome su mano y guíelo en los movimientos necesarios para que le enseñe la foto igual a la de usted. Cada vez que le nombre al familiar, dígale, por ejemplo: "enséñame a tu tío". Una vez que el niño realice esta actividad, estimúlelo poco a poco a que lo haga en un tiempo de 10 segundos, en dos de tres veces seguidas.

 Objetivo 44

El niño identificará juguetes y animales en una fotografía o ilustración en un lapso de 10 segundos después de la petición, en dos de tres ocasiones seguidas.

Material

Dos fotografías o ilustraciones de juguetes y dos de animales.

Actividad y procedimiento

1. Presente al niño solamente un par de las fotos o ilustraciones, comience con las que más llamen su atención.
2. Siente al niño frente a la mesa y acomódese a su lado. Muéstrele una de las ilustraciones y descríbale lo que contiene; por ejemplo, dígale: "Mira. Aquí están los juguetes, una pelota como la tuya." Permítale observarla y jugar con ella por un momento. Entonces, pídale que le muestre la ilustración igual a la que usted le enseña, es decir, la ilustración igual a la que él tiene, dígale: "Enséñame los juguetes."

3. Realice los mismos pasos con las ilustraciones de los animales.
4. Pero si el niño necesita que lo ayude para desarrollar la actividad, tome suavemente una de sus manos y diríjalo para que realice los movimientos necesarios. Repita varias veces este paso, y después retire poco a poco la ayuda hasta que el niño la efectúe por sí solo.

5. Cuando el niño lleve a cabo la actividad sin recibir ayuda, pídale que la desarrolle en 10 segundos, en dos de tres veces seguidas con cada ilustración, para alcanzar el objetivo.

Objetivo 45

El niño identificará a un médico en una fotografía o ilustración en un tiempo de 10 segundos en dos de tres veces seguidas, cuando se le pida.

Material

Dos fotografías o ilustraciones iguales de un médico.

Actividad y procedimiento

1. Presente al niño sólo dos ilustraciones a la vez. Primero háblele del médico mientras le muestra la ilustración. Permita que la observe y juegue con ella por un momento.

2. Después de que el niño haya observado la ilustración, colóquela sobre la mesa. Ahora, muéstrele la otra ilustración del médico, y dígale que le enseñe una igual, que le enseñe al médico.

79

3. Si el niño no presenta la conducta deseada, ayúdelo, tome con ternura su mano y guíelo a que haga el movimiento para mostrarle a usted la ilustración del médico. Efectúe varias veces este paso y después disminuya la ayuda poco a poco.

4. Una vez que el niño identifique al médico, estimúlelo para que cada vez lo haga más rápido, hasta lograrlo en un tiempo de 10 segundos en dos de tres presentaciones seguidas.

Subcategoría: Figuras idénticas

Objetivo 46

El niño igualará la figura que se le enseña, al colocarla junto a otra idéntica, en un lapso de 10 segundos, en dos de tres veces seguidas.

Material

Juguetes pequeños iguales, dos de cada uno.

80

Actividad y procedimiento

1. Presente al niño únicamente dos figuras iguales a la vez, comience con las que más llaman su atención.

2. Coloque sobre la mesa una de las figuras, y háblele acerca de lo que es, cómo se llama, etc.; por ejemplo: "Mira, aquí está un perrito, es café, suave, etc.; ¿te gusta?" Deje entonces que el niño juegue un momento con el juguete.

3. Ahora, muestre al niño la otra figura igual, y pídale que ponga la de él junto a la de usted, dígale que le dé una igual. No olvide que si el niño logra la actividad deseada, debe felicitarlo con besos, hablándole cariñosamente, con caricias, etcétera.

4. Cuando el niño no pueda efectuar el paso anterior, tome suavemente su mano y condúzcalo para que enseñe y coloque su figura junto a la que es igual. Repita esto varias veces, y después retire la ayuda poco a poco.

5. Una vez que el niño pueda igualar la figura que se le muestra, pídale que lo haga más rápido cada vez, hasta lograrlo en 10 segundos en dos de tres veces seguidas.

Subcategoría: Identificar objetos

Objetivo 47

El niño nombrará un objeto en un orden de presentación de una serie de cuatro, en un tiempo de 10 segundos, cuando se le pida, en dos de tres veces seguidas.

 Material

Juguetes pequeños de colores y formas vistosos, que llamen la atención del niño.

 Actividad y procedimiento

1. Enseñe al niño sólo una serie de cuatro objetos a la vez, comience con los que más atraigan su interés.
2. Inicie la actividad jugando con el niño con los cuatro objetos. Después retírelos y enséñeselos de uno en uno; dígale, por ejemplo: "Mira, aquí está el perro, aquí el gato, aquí la manzana y aquí la muñeca." Conforme presenta cada una de las figuras,

déjelas frente al niño. Repitan juntos varias veces el orden de presentación y luego déjelos frente al niño por unos momentos. Ahora, retírelos y pregúntele cuáles eran. Si nombra de manera correcta al menos un objeto en el orden de presentación, habrá cumplido con el objetivo.

82

3. Si el niño no hace lo que se le pide, ayúdelo. Vuelva a jugar con él y los juguetes, pero ahora inicie con uno solo, luego con dos, después con tres, y por último con los cuatro. Realice los siguientes pasos:

Usted le dice: *El niño dice*:

   a) Cuando es uno:

      ¿Qué es esto? Perro.   Perro.
      ¿Qué es esto? Perro.   Perro.
      ¿Qué es esto?   Perro.

   b) Cuando son dos:

      ¿Qué es esto? Perro y gato.   Perro y gato.
      ¿Qué es esto? Perro y…   Perro y gato.

¿Qué es esto? Perro y…	Perro y gato.
¿Qué es esto? Perro…	Perro y gato.
¿Qué es esto?	Perro y gato.

c) Cuando son tres:

¿Qué es esto? Perro, gato y manzana.	Perro, gato y manzana.
¿Qué es esto? Perro, gato y…	Perro, gato y manzana.
¿Qué es esto? Perro, gato y…	Perro, gato y manzana.
¿Qué es esto? Perro,…	Perro, gato y manzana.
¿Qué es esto? Perro,…	Perro, gato y manzana.
¿Qué es esto? Perro,…	Perro, gato y manzana.
¿Qué es esto?	Perro, gato y manzana.

d) Cuando son cuatro:

¿Qué es esto? Perro, gato, manzana y muñeca.	Perro, gato, manzana y muñeca.
¿Qué es esto? Perro, gato, manzana y…	Perro, gato, manzana y muñeca.
¿Qué es esto? Perro, gato, manzana y…	Perro, gato, manzana y muñeca.
Qué es esto? Perro, gato, manzana…	Perro, gato, manzana y muñeca.
¿Qué es esto? Perro, gato,…	Perro, gato, manzana y muñeca.
¿Qué es esto? Perro,…	Perro, gato, manzana y muñeca.
¿Qué es esto? Perro…	Perro, gato, manzana y muñeca.
¿Qué es esto?…	Perro, gato, manzana y muñeca.

Así, el niño aprenderá a nombrar e identificar cada uno de los juguetes por orden de presentación. Recuerde que éstos deben permanecer frente a él cuando se les nombra, y sólo cuando le pregunte el orden, debe quitarlos.

4. Sea constante para que el niño logre el objetivo deseado.

Objetivo 48

El niño utilizará el tacto para identificar un objeto rasposo en un tiempo de 10 segundos, en dos de tres presentaciones seguidas.

Material

Objetos rasposos, una mascada.

Actividad y procedimiento

1. Presente sólo un objeto a la vez, comience con el más rasposo.
2. Coloque frente al niño el objeto rasposo, y dígale que lo toque y sienta lo rasposo. Repita esto varias veces y con diferentes objetos rasposos. Luego, tape los ojos al niño con la mascada y pídale que toque dos objetos, uno rasposo y otro no rasposo, y que identifique el rasposo.

84

3. Si el niño no logra hacer la identificación, inicie por dirigirle la mano para que toque el objeto rasposo; realice varias veces este paso. Después, con los ojos tapados, también guíelo para que

identifique el objeto rasposo del que no lo es; efectúe esto varias veces y con diferentes objetos. Retire en forma gradual la ayuda.

4. Sea constante para que el niño aprenda a identificar los objetos rasposos por medio del tacto, en 10 segundos en dos de tres ocasiones seguidas.

Objetivo 49

El niño identificará mediante el tacto un objeto suave en un lapso de 10 segundos, en dos de tres presentaciones seguidas.

Material

Juguetes u objetos suaves, y una mascada.

Actividad y procedimiento

85

1. Muestre solamente un juguete u objeto a la vez, comience con los preferidos del niño.
2. Coloque frente al niño el objeto suave, háblele sobre éste y juegue con él. Después, tápele los ojos con la mascada, déle a tocar dos objetos, uno suave y otro no suave, y pídale que identifique el suave.

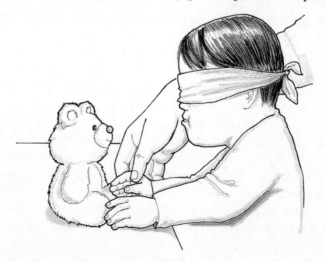

3. Sólo en caso de que el niño necesite ayuda para realizar las actividades anteriores, tome con delicadeza su mano y guíesela para que tome el objeto suave. Luego, cuando le tape los ojos con la mascada, también oriéntelo para que identifique el objeto suave. Repita varias veces cada paso y disminuya poco a poco esta ayuda, a fin de permitir que el niño solo realice las actividades que se le piden.

4. Cuando el niño ya identifique el objeto suave con su tacto, pídale que cada vez lo haga más rápido, hasta lograr la identificación en 10 segundos, en dos de tres oportunidades seguidas.

Objetivo 50

El niño utilizará el tacto para identificar un objeto plano en 10 segundos, en dos de tres presentaciones seguidas.

Material

Juguetes u objetos planos, y una mascada.

Actividad y procedimiento

1. Enseñe un solo objeto a la vez, comience con el más llamativo para el niño.

2. Coloque frente al niño el objeto plano, y dígale cómo se llama éste mientras juegan con él por un momento. Después, coloque la mascada al niño en los ojos, ponga dos objetos diferentes, uno plano y otro no plano, y pídale que identifique el plano con sólo tocarlos. Recuerde que cuando el niño realice la conducta deseada, siempre debe estimularlo con cariños, besos, etcétera.

3. Si el niño no hace correctamente la identificación, tome suavemente sus manos y guíelo para que toque el objeto plano. Después, cuando tenga los ojos tapados, ayúdelo a identificar el plano, de entre los dos objetos que le presente. Repita varias veces el ejercicio, y luego disminuya en forma gradual la ayuda.

86

4. Sea constante, y cuando el niño identifique el objeto plano con el tacto, pídale que cada vez lo haga más rápido hasta lograrlo en 10 segundos, en dos de tres ocasiones seguidas.

Objetivo 51

El niño identificará por medio del tacto un objeto redondo en un tiempo de 10 segundos en dos de tres presentaciones seguidas.

Material

Juguetes u objetos redondos, y una mascada.

Actividad y procedimiento

1. Presente al niño sólo un objeto a la vez, comience con el más llamativo para él.
2. Coloque frente al niño un objeto redondo, y permita que juegue con él mientras le dice que es redondo. Después de un momento, tápele los ojos con la mascada y pídale que, ante la presentación de dos objetos uno redondo y otro diferente, identifique el redondo con sólo tocarlos.

3. Si el niño no puede realizar los pasos anteriores, ayúdelo. Comience por tomar con ternura su mano y oriéntelo para que toque el objeto redondo; repita esto varias veces. Ahora guíelo para que cuando tenga los ojos tapados, toque el objeto redondo de los dos que le ponga; efectúe esto también varias veces. Retire la ayuda poco a poco.

4. Una vez que el niño pueda identificar el objeto redondo con sólo tocarlo, estimúlelo para que cada vez lo haga más rápido, hasta identificarlo en 10 segundos en dos de tres oportunidades seguidas.

Subcategoría: Alimentos

Objetivo 52

El niño, al presentarle un objeto y un alimento, escogerá el que es comestible, en dos de tres ocasiones seguidas.

Material

Juguetes y alimentos favoritos del niño, e ilustraciones de objetos y de alimentos.

Actividad y procedimiento

1. Muestre al niño únicamente un objeto y un alimento a la vez, comience con los que más atraigan su interés.

2. Coloque frente al niño el objeto y el alimento y pregúntele cuál se come y cuál no.

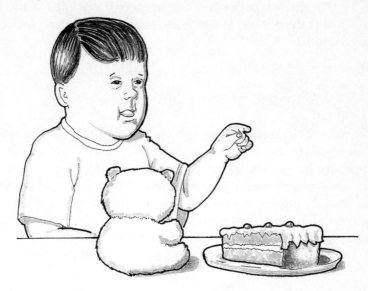

89

3. Si el niño no responde adecuadamente identificando el alimento del objeto, explíquele qué cosas se pueden comer y cuáles no. Puede hacer que el niño se coma el alimento mostrado y juegue con el objeto. Realice varias veces este paso, hasta lograr que el niño conozca la diferencia entre las cosas que le presenta. Después retire la ayuda.
4. Vuelva a preguntarle cuál es el alimento. Al contestar en forma correcta, el niño habrá logrado el objetivo. Varíe la actividad haciendo los mismos pasos, pero ahora con las ilustraciones.
5. Sea constante para que le niño identifique el alimento del objeto en dos de tres presentaciones seguidas.

Subcategoría: Animales

Objetivo 53

El niño dirá el nombre de dos de tres animales conocidos (perro, gato, pollo), al escuchar sus sonidos respectivos, en dos de tres oportunidades seguidas.

Material

Juguetes pequeños de un perro, un gato y un pollo, grabación de los sonidos respectivos de cada animal, y una grabadora.

Actividad y procedimiento

1. Enseñe al niño un solo juguete a la vez, comience con el que más llama su atención.
2. Primero juegue con el niño con el juguete elegido (por ejemplo, el gato), y después de un momento, emitan juntos el sonido del animal de juguete (es decir, maullen, digan "miau-miau", en el ejemplo). Realice esto varias veces, y recuerde decir al niño que ese juguete se llama gato. Después pregúntele de qué animal se trata cuando sólo escuche el sonido que produce, pero sin verlo.

3. Pero si el niño no nombra el animal del cual escucha el sonido, usted puede hacer lo siguiente:

Usted le dice:	*El niño dice*:
¿Qué es esto? Gato.	Gato.
¿Qué es esto? Gato.	Gato.
El gato hace miau. Di miau.	Miau.
¿Cómo hace el gato? Miau.	Miau.
Miau, ¿qué es?	Gato.

Siga los mismos pasos con cada uno de los animales que debe mencionar el niño; durante cada paso no retire el juguete. Repita esto varias veces, y cuando el niño pueda decir de qué animal se trata al escuchar el sonido y ver el juguete, entonces puede retirar éste. Ahora pregúntele de nuevo qué animal es, pero con sólo escuchar su sonido, sin verlo.

4. Sea constante para que el niño pueda nombrar el animal del que se trata, únicamente con escuchar el sonido. Puede variar la actividad con la grabación, o cuando en la calle o en algún otro lugar el niño escuche el sonido de estos animales, pero no los vea, preguntándole qué animal es. Así, el niño realizará la conducta del objetivo.

Subcategoría: Lugares

Objetivo 54

El niño dirá el lugar donde se encontraban los juguetes, en dos de tres veces seguidas.

Material

Juguetes, y una caja para los juguetes.

Actividad y procedimiento

1. Presente al niño sus juguetes favoritos, juegue con él con ellos, y después guárdelos en la caja y ante la presencia del niño.

2. Pregunte al niño dónde los guardaron. No olvide mostrarle su agrado al niño si responde de manera correcta. Ahora cambie de lugar los juguetes, y vuelva a preguntarle dónde están. Haga esto tres veces.

3. Sólo en caso de que el niño necesite ayuda, dígale dónde están los juguetes, y haga que él lo repita. Practique varias veces este paso y después disminuya en forma gradual la ayuda. Una vez que el niño recuerde dónde se encuentran los juguetes, póngalos en otro sitio y repita los pasos anteriores. Nuevamente pregúntele por el lugar donde están los juguetes, hasta completar los tres lugares.

92

4. Sea constante para que el niño aprenda dónde se encuentran los juguetes. Así, podrá cumplir con la conducta que pide el objetivo.

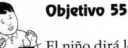

Objetivo 55

El niño dirá los lugares donde ha estado (al menos dos), en dos de tres ocasiones seguidas.

Material

Lugares conocidos, y juguetes favoritos del niño (por lo menos dos).

Actividad y procedimiento

1. Lleve al niño a algún lugar conocido, permanezcan ahí por un momento, y juegue con él y su juguete favorito. Mencione constantemente el lugar en que se encuentran, cuando todavía estén ahí. Después, lléveselo a otro sitio y pregúntele dónde estuvieron.

2. Si el niño no responde en forma correcta, ayúdelo de la siguiente manera. Otra vez permanezca jugando con él en algún lugar conocido, repita varias veces dónde se encuentran, y haga que el niño repita con usted. Cuando ya no estén ahí, pregúntele por el lugar. Por ejemplo:

Usted le dice:	*El niño dice*:
Estamos en el parque.	Estamos en el parque.
Estamos en el parque.	Estamos en el parque.
¿Dónde estamos? En el parque.	En el parque.
Di parque.	Parque.
¿Dónde estamos? En el parque.	En el parque.
¿Dónde estamos?	En el parque.

Y a los pocos minutos de cambiar de lugar, por ejemplo, camino a la casa, pregúntele dónde estuvieron, a lo que el niño debe responder: "En el parque."

3. No obstante, si el niño necesita ayuda para contestar, désela en la siguiente forma. Siga el ejemplo anterior, dígale: "¿Dónde estuvimos? En el parque." Y el niño debe repetir: "En el parque." Después debe preguntarle de nuevo: "¿Dónde estuvimos?" Y el niño debe contestar: "En el parque." Cuando el niño recuerde un lugar en que ha estado, pregúntele por dos y luego por tres lugares, siguiendo los pasos anteriores.

4. Sea constante para que el niño pueda recordar al menos dos lugares donde ha estado, y contestar correctamente en dos de tres veces seguidas.

Objetivo 56

El niño identificará un hospital en una ilustración, en un lapso de 10 segundos, cuando se le pida, en dos de tres presentaciones seguidas.

Material

Dos ilustraciones iguales de un hospital.

Actividad y procedimiento

1. Coloque frente al niño una de las ilustraciones del hospital y explíquele qué es, es decir, dígale que se llama hospital, qué es

un hospital, qué se hace ahí, etc.; permítale observarla por unos minutos.

2. Ahora sostenga usted la otra ilustración del hospital y pida al niño que le dé una igual a ésta o que le dé una donde aparece el hospital. Si el niño muestra la ilustración del hospital, habrá cumplido con el objetivo.

95

3. Si el niño no muestra la ilustración del hospital, guíele su mano al mismo tiempo que le pregunta o le pide que le enseñe una igual. Repita varias veces este paso y después retire su ayuda poco a poco, hasta que el niño solo logre la conducta deseada.

4. Cuando el niño le muestre la ilustración igual a la que usted le enseña, anímelo para que cada vez lo haga más rápido hasta lograrlo en 10 segundos en dos de tres ocasiones seguidas.

Subcategoría: Acciones

Objetivo 57

El niño simulará la acción de dar, dejar o recoger, poner o quitar, meter, abrir o cerrar, en un tiempo de 10 segundos, en dos de tres veces seguidas para cada acción.

Material

Diferentes ilustraciones de cada una de las acciones que se piden en el objetivo.

 Actividad y procedimiento

1. Para hacer más atractiva la actividad de enseñarle a simular cada una de las acciones antes mencionadas, narre al niño un cuento y, al mismo tiempo, actúe con movimientos exagerados cada acción que el niño debe imitar; hágalas con calma, y cuide que el niño lo observe y esté lo más atento posible. El cuento puede ser el siguiente:

   Pepe *recoge* sus juguetes, *abre* la caja y los *mete*. Se *pone* su suéter para ir a donde está su mamá, quien le *da* su pastel.

2. Repita al niño el cuento y actúen juntos cada una de las acciones. Cuando el niño lo imite, desmuéstrele su agrado.

3. Pero en caso de que el niño no realice las conductas deseadas, tome suavemente sus manos y guíelo para que actúe las acciones, mientras le cuenta el cuento. Efectúe varias ocasiones la actuación y después disminuya en forma progresiva la ayuda.
4. Sea constante para que el niño logre simular cada una de las acciones deseadas en 10 segundos, en dos de tres oportunidades seguidas para cada acción.

CATEGORÍA: PREACADÉMICAS

Subcategoría: Concepto de color

Objetivo 58

El niño igualará una tarjeta de color (rojo, verde o azul) colocada frente a él, juntándola a otra idéntica que se le muestre, en un tiempo de 10 segundos, en dos de tres presentaciones seguidas para cada color.

97

Material

Dos tarjetas de cada uno de los colores rojo, verde y azul, y dos juguetes u objetos de estos colores.

Actividad y procedimiento

1. Proporcione al niño una de las tarjetas de color (por ejemplo, la roja), y permita que la observe por un momento, al mismo tiempo que le habla sobre ella.
2. Luego, coloque, enfrente de la tarjeta roja, la otra igual, diga al niño que las vea, e indíquele que son iguales. Repita esto varias veces.
3. Ahora, separe las tarjetas y pida al niño que le dé una igual a la que usted le muestra. Si el niño toma la única tarjeta de color que se encuentre frente a él y la coloca junto a la que le enseña,

igualándolas, felicítelo con caricias, con besos, hablándole cariñosamente, etcétera.

4. Cuando el niño no realice la igualación, tome con suavidad su mano y ayúdelo a hacer los movimientos necesarios para igualar las tarjetas del mismo color. Preste la ayuda varias ocasiones y después disminúyala en forma gradual.
5. Siga los mismos pasos con cada uno de los otros dos colores, pero pida al niño que cada vez realice la actividad más rápido hasta hacerla en 10 segundos en dos de tres presentaciones para cada color. Para variar la actividad, utilice los dos juguetes de cada color: rojo, verde y azul.
6. Sea constante para que el niño aprenda a igualar los colores y así cumpla con el objetivo.

Subcategoría: Lotería

Objetivo 59

El niño igualará una tarjeta (niño o perro) colocada frente a él, juntándola a otra idéntica que se le muestre, en un lapso de 10 segundos en dos de tres ocasiones seguidas para cada tarjeta.

Material

Dos tarjetas iguales de un niño y dos tarjetas iguales de un perro.

Actividad y procedimiento

1. Coloque frente al niño una de las tarjetas, y permita que la observe por unos minutos mientras le habla sobre ella; por ejemplo, dígale: "Mira, este es un niño igual que tú." Después, junto a la tarjeta ponga la otra tarjeta igual y pídale que se fije bien para que vea que son iguales.
2. Ahora separe las tarjetas, muestre al niño una de ellas y pídale que le dé una igual.

3. Si el niño no hace lo que le pide, ayúdelo, tome con ternura su mano y condúzcalo en los movimientos necesarios para que le dé una tarjeta igual. Efectúe esto varias veces y después retire la ayuda poco a poco, hasta que el niño realice la actividad por sí solo.
4. Siga los mismos pasos con la otra tarjeta, pero solicite al niño que cada vez lo haga más rápido, hasta dar la tarjeta en un tiempo de 10 segundos, en dos presentaciones seguidas para cada tarjeta.

Objetivo 60

El niño igualará una tarjeta (niño o perro), entre dos tarjetas, en un tiempo de 10 segundos, en dos de tres oportunidades seguidas.

Material

Dos tarjetas iguales de un niño, dos tarjetas iguales de un perro, y otras tarjetas diferentes.

Actividad y procedimiento

1. Ponga frente al niño dos tarjetas iguales. Después de un momento, sepárelas y pídale que le dé una igual a la que le enseña.
2. Sólo en caso de que el niño no realice el paso anterior, ayúdelo guiándolo en el movimiento de igualación. Deje de ayudarlo en forma progresiva, hasta lograr que el niño solo desarrolle la actividad.
3. Una vez que el niño logre dar la tarjeta que es igual al enseñarle dos iguales, coloque frente a él la otra tarjeta diferente, y pídale que le dé o le señale las que son iguales.

4. Si el niño no da ni señala las tarjetas iguales, diríjalo para que dé o señale las tarjetas idénticas. Utilice una tarjeta diferente de las que le pide al niño que identifique como iguales, a fin de evitar que él se confunda.

5. Realice los mismos pasos con la otra tarjeta. En cada ocasión, estimule al niño para que desarrolle la actividad más rápido hasta hacerla en un tiempo de 10 segundos en dos de tres presentaciones seguidas para cada tarjeta.

Subcategoría: Rompecabezas y formación de tableros

Objetivo 61

El niño colocará una pieza de rompecabezas en su forma correspondiente, en un minuto, en dos de tres veces seguidas.

Material

Rompecabezas de una sola pieza que tengan el contorno de la figura, en color llamativo.

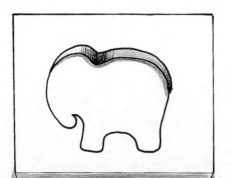

Actividad y procedimiento

1. Coloque frente al niño el rompecabezas de una pieza y enséñele cómo ensamblar la pieza en su forma correspondiente; realice el movimiento lo más lentamente posible, y cuide que el niño lo observe. Puede hacerlo diciéndole, por ejemplo: "Mira. Voy a meter esta pieza en su lugar. Fíjate porque lo vas a hacer tú." Efectúe esto varias veces, y después pídale que haga lo mismo que usted.

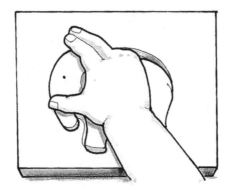

2. Si el niño no puede realizar el paso anterior, tome suavemente su mano y guíelo a que ensamble la pieza. Preste la ayuda varias veces, después retírela.
3. Varíe la actividad cambiando el rompecabezas. Sea constante para que el niño pueda colocar la pieza en un minuto en dos de tres ocasiones seguidas.

Objetivo 62

El niño colocará de dos a tres piezas de rompecabezas en su forma correspondiente en un tiempo de un minuto, en dos de tres presentaciones seguidas.

Material

Rompecabezas de tres piezas cada uno.

Actividad y procedimiento

1. Muestre el rompecabezas al niño y juegue con él. Después, enséñele el rompecabezas armado y dígale qué figura forma. Ante su presencia, saque cada una de las piezas y vuelva a colocarlas en su lugar lo más despacio posible y cuidando que él lo observe. Repita varias veces este paso con el mismo rompecabezas. Pida entonces al niño que realice lo mismo que usted. No olvide que siempre que el niño presente la conducta deseada, debe estimularlo con besos, con caricias, etcétera.

2. Cuando el niño requiera ayuda para armar correctamente el rompecabezas, désela, tome su mano y guíelo para que coloque cada pieza en donde corresponde. Preste la ayuda varias ocasiones y después quítela poco a poco. Otra forma de ayudar al niño es indicarle con palabras que acomode la pieza, que le dé vuelta, etcétera.
3. Una vez que el niño pueda ensamblar el rompecabezas de dos o tres piezas, pídale que realice la actividad en 1 minuto en dos de tres veces seguidas.

Objetivo 63

El niño colocará correctamente una figura (círculo, cuadrado o triángulo) en su forma correspondiente, entre tres opciones diferentes, en dos de tres presentaciones seguidas para cada figura.

Material

Un tablero con las formas círculo, triángulo y cuadrado, con las piezas para cada una de las formas.

Actividad y procedimiento

1. Ponga frente al niño el tablero, déle una de las piezas y pídale que la coloque en su lugar correspondiente. Haga lo mismo con las otras.

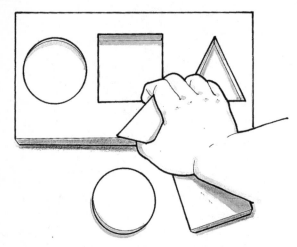

2. Si el niño no hace lo que le pide, ayúdelo mediante los siguientes pasos. Primero muéstrele qué quiere que él haga; es decir, coloque la pieza en su lugar, lo más despacio posible y cuidando que el niño lo observe, mientras le describe lo que está haciendo, por ejemplo: "Mira. Voy a poner esta pieza en su lugar." Ahora dígale que lo van a hacer juntos, tome suavemente su mano y guíesela para que tome la pieza y la ponga en su lugar. Puede ayudarlo más, tape las otras formas donde va la pieza que va a colocar junto con el niño. Haga lo mismo con las otras piezas. Practique esto varias veces hasta que el niño aprenda a poner las figuras con su ayuda. Retire la ayuda poco a poco.

3. Sea constante para que el niño aprenda a colocar las piezas en su lugar en dos de tres oportunidades seguidas.

Subcategoría: Concepto de número

Objetivo 64

El niño señalará entre dos conjuntos de objetos, dónde hay más y dónde hay menos, en un tiempo de 15 segundos, en dos de tres veces seguidas para cada conjunto.

Material

Juguetes, objetos, hojas, lápices de colores, de colores llamativos.

Actividad y procedimiento

1. Con los juguetes favoritos del niño, del mismo tamaño para no confundirlo, forme dos grupos, uno con más objetos y otro con menos, y dígale en cuál conjunto hay menos objetos y en cuál hay más. Ahora, junto con el niño, señalen dónde hay más y dónde menos. Repita esto varias veces, al mismo tiempo que le explica la diferencia entre un conjunto y otro.
2. Coloque nuevamente los dos conjuntos de objetos frente al niño, y pídale que señale dónde hay más y dónde hay menos.

3. Si el niño no realiza el paso anterior, ayúdelo a señalar el conjunto de objetos que se le pide. Primero pregunte al niño dónde hay más. Ahora cambie los objetos o juguetes y repítale la pregunta, es decir, vuelva a preguntarle dónde hay más. Otra vez cambie los objetos, pero continúe haciendo la misma pregunta. Practique varias veces este paso y después haga lo mismo con la pregunta de dónde hay menos. Recuerde cambiar en cada ocasión los objetos. Retire poco a poco la ayuda hasta que el niño realice por sí solo la actividad.

4. Sea constante para que el niño conteste en el tiempo indicado, en dos de tres presentaciones seguidas.

Objetivo 65

El niño igualará una tarjeta colocada frente a él en un lapso de 10 segundos, en dos de tres oportunidades seguidas.

106

Material

Dos tarjetas iguales con el número uno.

Actividad y procedimiento

1. Coloque frente al niño las dos tarjetas del número uno, pídale que las observe y dígale de que número se trata y que repita con usted el nombre del número uno. Realicen varias veces este paso. Recuerde que es importante mostrarle su agrado por cada intento y por lograr hacer lo que se le pide.

2. Ahora separe las tarjetas, muestre una de ellas al niño y pídale que le dé una igual. El niño habrá cumplido con el objetivo si le proporciona la otra tarjeta con el número uno.

3. Si el niño no realiza la actividad, tome con delicadeza su mano y condúzcalo para que cuando le pida la tarjeta igual, coloque ésta junto a la que se le muestra. Preste la ayuda otras ocasiones más y después retírela en forma gradual.

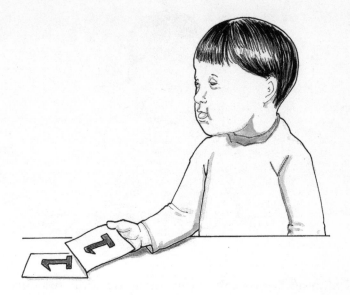

4. Sea constante para que el niño iguale la tarjeta del número uno en 10 segundos, en dos de tres presentaciones seguidas.

Objetivo 66

El niño seleccionará uno de dos objetos en un lapso de 10 segundos, en dos de tres veces seguidas, después de pedirle solamente uno.

Material

Juguetes de varios colores y diferentes.

Actividad y procedimiento

1. Primero juegue con el niño con dos juguetes diferentes, de preferencia que sean sus favoritos. Cuando el niño se muestre interesado en ellos, colóquelos frente a él y pídale que le dé uno.

2. Si el niño no lleva a cabo la conducta deseada, oriéntelo para que cuando le pida un juguete, se lo dé. Ayúdelo varias veces y luego reduzca progresivamente la ayuda.

3. Una vez que el niño pueda darle un objeto al pedírselo, estimúlelo para que lo haga en 10 segundos en dos de tres ocasiones seguidas.

Objetivo 67

El niño contará repitiendo "uno", en dos de tres veces seguidas.

Material

Objetos y juguetes que llamen la atención del niño.

Actividad y procedimiento

1. Coloque frente al niño los juguetes, dígale que van a contar, y muéstrele cómo lo van a hacer juntos. Realice la actividad lo más

despacio posible. Diga con voz clara, "Uno, uno, uno", cuente al menos cinco juguetes.

2. Pida al niño que repita con usted, y cuenten diferentes objetos, digan solamente: "uno, uno, uno, etc.", hasta terminar de contar los juguetes mostrados.

109

3. Una vez que el niño cuente repitiendo con usted, pídale que lo haga él solo. Si él necesita de su ayuda, efectúe nuevamente el paso anterior y luego retire la ayuda.

4. Sea constante para que el niño aprenda a contar repitiendo uno, en dos de tres veces seguidas.

 ## Objetivo 68

El niño seleccionará entre dos conjuntos de objetos dónde hay uno, en un tiempo de 10 segundos, en dos de tres oportunidades seguidas.

 ## Material

Juguetes y objetos de diferentes colores llamativos.

Actividad y procedimiento

1. Comience la actividad jugando con el niño con los juguetes. Cuando el niño se encuentre atento a éstos, frente a él forme dos conjuntos, uno con varios juguetes y otro con uno solo. Muéstrele la diferencia entre uno y otro conjunto; dígale, por ejemplo: "Aquí hay muchos y aquí sólo uno." Pídale entonces que señale dónde hay uno.

2. Si el niño necesita ayuda para identificar dónde hay uno, tome su mano y guíesela para que señale dónde hay uno. Haga esto varias veces, cambiando los juguetes. Después retire poco a poco la ayuda.
3. Una vez que el niño identifique dónde hay uno, pídale que desarrolle la actividad cada vez más rápido, hasta lograr un tiempo de 10 segundos, en dos de tres veces seguidas.

 Objetivo 69

El niño tomará el número uno al presentarle una tarjeta que lo representa, en dos de tres ocasiones seguidas.

Material

Tarjetas con el número uno.

 Actividad y procedimiento

1. Ponga frente al niño las dos tarjetas con el número uno y dígale que éstas muestran al número uno. Repitan juntos: "uno, uno, etc.". Después de repetir varias veces, pídale que le dé la tarjeta del uno.

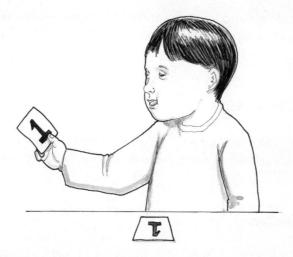

2. Si el niño requiere que le ayude para realizar la actividad desea-da tome con delicadeza su mano, y cuando le pida el número uno, guíelo para que se lo dé. Preste la ayuda varias veces y luego disminúyala en forma gradual.
3. Cuando el niño ya pueda darle el número uno en una tarjeta que lo representa, muéstrele la otra tarjeta, retire la que tenía el niño y pregúntele qué número es, a lo cual debe contestar que es uno.
4. Si el niño no responde adecuadamente, repita con él varias veces el nombre del número que le muestra, en la siguiente forma:

Usted le dice: *El niño dice*:

Uno.   Uno.
Uno.   Uno.

Después de varias repeticiones, disminuya poco a poco la ayuda de la siguiente manera:

Usted le dice:	*El niño dice*:
Uno.	Uno.
Uno.	Uno.
¿Qué número es éste? Uno.	Uno.
¿Qué número es éste? Uno.	Uno.
¿Qué número es éste? Uno.	Uno.
¿Qué número es éste? Uno.	Uno.

5. Así, cuando el niño logre nombrar el número uno cuando vea la tarjeta que lo representa, en dos de tres veces seguidas, habrá cumplido con el objetivo.

Objetivo 70

El niño seleccionará la tarjeta con el número uno, entre dos o tres tarjetas, en dos de tres presentaciones seguidas.

Material

Una tarjeta con el número uno, y otras tarjetas diferentes.

Actividad y procedimiento

1. Muestre al niño sólo dos tarjetas, una con el número uno y la otra diferente, y pídale que le dé la del número uno. Recuerde que si el niño hace lo que le pide, debe mostrarle su agrado hablándole cariñosamente, etcétera.
2. Si el niño identifica y le da la tarjeta con el número uno, coloque ahora dos tarjetas diferentes y la tarjeta con el número uno, y vuelva a pedirle la tarjeta con el número uno. Luego desarrolle la actividad con tres tarjetas distintas.

3. De ser necesario, ayude al niño a realizar los pasos anteriores, guiándolo para que le dé el número uno, ya sea cuando haya una, dos o tres tarjetas diferentes. Realice esto varias veces, hasta que el niño identifique el número uno, y después retire poco a poco la ayuda.

4. Sea constante para que el niño aprenda a seleccionar la tarjeta con el número uno entre dos o tres tarjetas diferentes, en dos de tres veces seguidas.

Subcategoría: Concepto de tamaño

Objetivo 71

El niño señalará, entre dos conjuntos de objetos (dos a tres), el objeto más grande y el más pequeño en 15 segundos, en dos de tres oportunidades seguidas para cada objeto.

 Material

Juguetes y objetos variados de diferentes tamaños.

Actividad y procedimiento

1. Coloque frente al niño únicamente dos juguetes con una diferencia muy notoria entre uno y otro, y dígale cuál es el grande y cuál es el chico. Realice varias veces el paso anterior con diversos objetos, por lo menos seis veces. Ahora, pídale al niño que señale el grande y después el chico.

2. Si el niño no señala nada, vuelva a indicarle cuál es el grande y cuál es el chico, y apunte junto con él cuando diga grande o chico. Practique varias veces esta actividad, y luego reduzca en forma gradual la ayuda.
3. Una vez que el niño pueda identificar el objeto grande y el chico entre dos, pregúntele por cada uno de ellos, pero ahora entre tres. Sólo si él necesita ayuda, désela en la misma forma como se señala en el paso 2.
4. Sea constante para que el niño aprenda a identificar cuál es el objeto grande y cuál es el chico, en un lapso de 15 segundos en dos de tres ocasiones seguidas para cada uno.

Objetivo 72

El niño seleccionará, entre dos conjuntos, el objeto más grande y el más pequeño en un tiempo de 15 segundos, en dos de tres presentaciones seguidas para cada tamaño de objeto.

Material

Juguetes de diferentes tamaños, de colores llamativos.

Actividad y procedimiento

1. Juegue con el niño con los juguetes con que va a formar los conjuntos. Cuando el niño esté atento a ellos, forme dos conjuntos de tres a cinco juguetes cada uno, y pregúntele cuál es el grande y cuál el chico en cada conjunto. Si el niño los señala y los identifica correctamente, habrá alcanzado el objetivo.

2. Si el niño necesita ayuda para efectuar la actividad, muéstrele sólo dos conjuntos con dos juguetes cada uno, y pregúntele dónde está el juguete grande y dónde el chico. Poco a poco, aumente el número de juguetes en cada uno de los conjuntos, es decir, presente conjuntos de tres, luego de cuatro y, por último, de cinco. En cada ocasión, pida al niño que señale el juguete grande y el chico de cada conjunto. Como sugerencia, no emplee juguetes con un tamaño muy similar, porque el niño podría confundirse.
3. Si el niño requiere aún más ayuda, tome suavemente su mano y guíelo para que señale e identifique el juguete del tamaño indicado en cada uno de los pasos anteriores. Repita esto varias

veces y después reduzca la ayuda poco a poco, hasta que el niño solo realice la actividad.

4. Sea constante para que el niño pueda aprender a seleccionar el objeto del tamaño que se le pide, en 15 segundos en dos de tres veces seguidas.

Subcategoría: Preescritura

Objetivo 73

El niño garabateará de manera espontánea en dos de tres oportunidades seguidas.

Material

Crayones de colores, y hojas blancas.

116

Actividad y procedimiento

1. Coloque frente al niño el crayón y la hoja, y pídale que lo tome y que garabatee lo que sea.

2. Si el niño no realiza ningún movimiento, no se desespere. Diríjalo para que tome la hoja y el crayón, y ayúdelo a garabatear. Repita varias veces esto y retire la ayuda paulatinamente.
3. Cuando el niño garabatee al pedírselo en dos de tres veces seguidas, habrá cumplido con el objetivo.

Objetivo 74

El niño copiará una línea horizontal y una vertical en 10 segundos, después de la demostración, en dos de cuatro oportunidades seguidas para cada línea.

Material

Lápices de colores, lápiz, crayones y hojas.

Actividad y procedimiento

1. Ponga frente al niño los crayones y los lápices, pídale que tome uno, déle la hoja y muéstrele cómo hacer las líneas horizontal y vertical. Pídale entonces que haga lo mismo que usted. Cuando el niño realice lo que le pide, no olvide felicitarlo, hablándole cariñosamente, besándolo, etcétera.

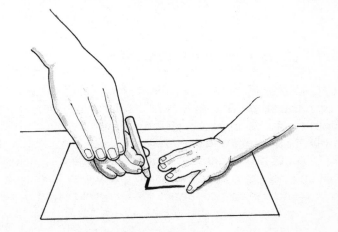

2. Si el niño no traza las líneas, después de la demostración, guíele la mano para que realice una línea horizontal y una vertical. Otra forma de ayudarlo es haciendo una línea punteada del mismo tamaño de la que se le pide, después de ver un ejemplo. Disminuya la ayuda poco a poco y espaciando cada vez más los puntos, hasta presentarle sólo las líneas que debe copiar. Si le dirige la mano, también retire en forma progresiva esta ayuda hasta que el niño trace por sí solo las líneas.

3. Una vez que el niño pueda copiar las líneas horizontal y vertical, estimúlelo para que cada vez lo haga más rápido hasta lograrlo en un tiempo de 10 segundos después de una demostración, en dos de cuatro veces seguidas.

Objetivo 75

El niño copiará círculos con un pincel (tomando como correcta cualquier forma cerrada), en un lapso de 15 segundos después de una demostración, en dos de cuatro veces seguidas.

118

Material

Un pincel, pintura de agua de colores, hojas de cartulina de tamaño carta, un lápiz, y una bolita de unicel.

Actividad y procedimiento

1. Inicie la actividad mostrando al niño cómo tomar el pincel y luego cómo trazar un círculo. Enséñele solamente una vez más, cuide que el niño lo observe. Descríbale lo que hace; dígale, por ejemplo: "Mira. Estoy haciendo un círculo." Al mismo tiempo que realiza el movimiento de dibujar lo más despacio posible. Pídale entonces que haga lo mismo que usted. Recuerde que se tomará como correcta cualquier forma cerrada que él trace.

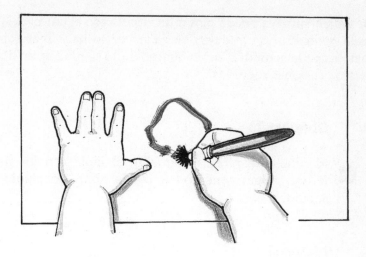

2. Si al niño se le resbala el pincel, puede ayudarlo colocando a éste la bolita de unicel, para que lo tome por ahí. Después de repetir varias veces la actividad con la bolita, vaya sustituyéndola por otras cada vez más pequeñas y póngale un poco de cinta adhesiva, hasta dárselo al niño sin esta ayuda.

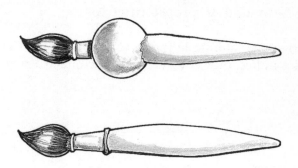

3. Otra forma de ayudar al niño es dibujar una línea punteada que forme el círculo, y pedirle que pinte con el pincel de tal forma que al unir los puntos forme el círculo. Preste la ayuda varias veces y después redúzcala en forma gradual al espaciar cada vez más los puntos entre sí, hasta que el niño trace el círculo sin estos puntos de apoyo.

4. Si el niño necesita más ayuda, tome suavemente su mano y guíelo para que pinte un círculo, después de la demostración. Luego, disminuya poco a poco la ayuda.

5. Cuando el niño ya pueda pintar un círculo con el pincel después de la demostración, pídale que cada vez lo haga más rápido, hasta hacer la actividad en un tiempo de 15 segundos, en dos de cuatro ocasiones seguidas.

Objetivo 76

El niño tomará correctamente el lápiz con los dedos índice, pulgar y medio, en tres de cuatro oportunidades seguidas.

Material

Un lápiz, hojas, cinta adhesiva de colores, estrellas adheribles y una bolita de unicel.

Actividad y procedimiento

1. Primero enseñe al niño la forma correcta de tomar el lápiz con los dedos índice, pulgar y medio. Pídale que lo agarre igual que usted.

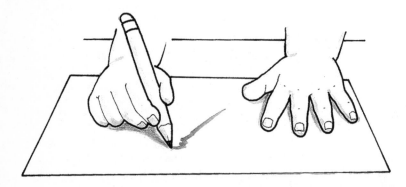

2. Si el niño no toma de manera correcta el lápiz ayúdelo, ponga la mano de usted sobre la de él para colocarle los dedos en la posición correcta. Ayúdelo varias veces y después retire la ayuda.

3. Otras formas de ayudar al niño es pegándole las estrellas adheribles en los dedos que debe usar para agarrar correctamente el lápiz; también puede ponerle pedazos de la cinta adhesiva de colores. Si al niño se le resbala el lápiz, coloque la bolita de unicel en la parte donde lo debe tomar, y pídale que lo sujete de ahí. La bolita y las estrellas, o la cinta adhesiva, debe quitarlas en forma gradual, hasta lograr que el niño solo realice la actividad.

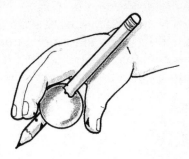

4. Sea constante para que el niño aprenda a tomar el lápiz correctamente, en tres de cuatro veces seguidas.

121

Subcategoría: Concepto de posición

 Objetivo 77

El niño identificará objetos dentro y fuera de un recipiente en un lapso de 10 segundos, en tres de cuatro veces seguidas.

 **Material**

Un recipiente de 15 × 15 cm aproximadamente (como una caja), juguetes u objetos llamativos para el niño.

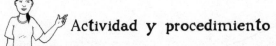 **Actividad y procedimiento**

1. Comience jugando con el niño y los juguetes con los que le va a enseñar dónde es dentro y dónde es fuera. Cuando el niño se

encuentre interesado en los juguetes, tome la caja, coloque todos los juguetes dentro y dígale dónde están. Pídale que repita junto con usted, al menos tres veces, en dónde están los juguetes, es decir: "Los juguetes están dentro." Pregúntele ahora dónde es dentro. Luego, déle otro juguete que no esté en la caja y pídale que lo coloque dentro.

2. Si el niño realiza el paso anterior, siga el mismo procedimiento para enseñarle dónde es fuera de la caja.

3. Después de practicar varias veces el paso anterior, pregunte al niño dónde es dentro y dónde es fuera, mientras le muestra juguetes que se encuentren dentro y fuera de la caja. Pídale que señale el juguete, de acuerdo con la posición que le pida.

4. Una vez que el niño identifique dónde es fuera y dónde es dentro, anímelo para que cada vez lo haga más rápido, hasta lograrlo en 10 segundos, en tres de cuatro veces seguidas.

Objetivo 78

El niño seleccionará objetos que se encuentran dentro y fuera de un recipiente en 10 segundos, en tres de cuatro presentaciones seguidas.

Material

Una caja, y juguetes de color llamativo.

Actividad y procedimiento

1. Muestre al niño los juguetes, unos dentro de la caja y otros fuera, y pregúntele cuáles están en cada una de las posiciones. Si él contesta correctamente y dice el nombre de todos los juguetes, habrá cumplido con el objetivo.

2. Si el niño no realiza en forma correcta el paso anterior, ayúdelo. Coloque sólo un juguete dentro y uno fuera, y vuelva a preguntarle dónde está cada uno de los juguetes. Si aún no contesta bien, tome su mano y guíesela para que señale dónde es fuera y dónde es dentro, al mismo tiempo que le dice cada posición: fuera y dentro. Preste el apoyo varias veces y luego retírelo.

3. Después de que el niño identifique cada una de las posiciones, aumente poco a poco el número de juguetes, tanto dentro como fuera de la caja.

4. Una forma de variar la actividad es jugar con el niño a colocarse dentro o fuera de una habitación, o enseñarle imágenes o ilustraciones de cosas o de personas que se encuentren dentro o fuera de algún lugar.

5. Cuando el niño ya sepa seleccionar objetos que están dentro y fuera, pídale ahora que poco a poco trabaje más rápido, hasta hacerlo en un tiempo de 10 segundos, en tres de cuatro veces seguidas.

CATEGORÍA: ACADÉMICAS

Subcategoría: Identificar señales

Objetivo 79

El niño identificará la función de la señal manual de "alto", en dos de tres veces seguidas.

Material

Una señal de alto en una lámina, y carritos de juguete.

Actividad y procedimiento

1. Inicie jugando con el niño, por ejemplo, a la carrera de coches. Cuando esté interesado en el juego, dígale que le va a enseñar cuándo deben pararse. Muéstrele primero con su carrito que debe detenerse ante la señal de alto; puede utilizar la señal de la lámina o mostrársela haciéndola con la mano. Repita varias veces este paso, y después pídale que haga lo mismo que usted. Siempre que el niño presente la conducta deseada, felicítelo con besos, con caricias, etc., no lo olvide.

2. Si el niño no se detiene, guíelo para que se detenga ante la señal de alto. Ayúdelo en varias ocasiones y posteriormente disminuya la ayuda poco a poco.

3. Puede variar la actividad si invita a jugar carreritas a otros niños, ya sea con los carritos o ellos solos, y les pide que se detengan ante la señal manual de alto. Otra forma, es enseñarle al niño a detenerse cuando vaya por la calle y vea la señal de alto.

4. Sea constante para que el niño aprenda a detenerse ante la señal de alto, y comprender la función de ésta, en dos de tres oportunidades seguidas.

Objetivo 80

El niño identificará la función de la señal manual de "siga", en dos de tres presentaciones seguidas.

Material

Una señal manual de siga en una lámina, y carritos.

Actividad y procedimiento

1. Juegue primero con el niño con los carritos. Cuando el niño esté interesado en el juego, enséñele que hay señales como las de siga. Muéstrele que debe continuar en movimiento cuando la vea; puede emplear la lámina con la señal de siga o hacerla con su mano, al mismo tiempo que le dice al niño con voz clara: "Siga." Efectúe esto varias veces, y luego pídale que haga lo mismo que usted.
2. Sólo en caso de que el niño necesite ayuda, désela guiándolo para que continúe en movimiento ante la señal. Repita varias veces esta actividad y reduzca en forma gradual la ayuda.
3. Puede variar la actividad, enseñándole al niño que debe continuar en movimiento cuando vea esta señal. Otra forma es invitar a otros niños a jugar con los coches o ellos solos, y pedirles que sigan cuando vean la señal de siga.

4. Sea constante para que el niño aprenda a responder adecuadamente a la señal de siga, en dos de tres veces seguidas.

Nivel 4

De 24 a 48 meses

CATEGORÍA: CAPACIDADES SENSOPERCEPTUALES

Subcategoría: Los cinco sentidos

Objetivo 81

El niño mencionará el nombre de cinco juguetes peque-ños presentados uno por uno, a un metro de distancia, en dos de tres presentaciones seguidas.

Material

Cinco juguetes o más de 5 × 5 cm de tamaño, de dife-rentes colores, texturas y formas llamativas.

Actividad y procedimiento

1. Juegue con el niño con los juguetes escogidos, diciéndole el nombre de cada uno de ellos, y pídale que lo repita, al mismo tiempo que le permite que los observe y los toque.
2. Ahora muéstrele los juguetes uno por uno, y pregúntele cómo se llaman. Si no lo dice, ayúdelo, pronuncie la primera sílaba del nombre, para que él lo complete, aunque no lo pronuncie

correctamente. Lo importante es que el niño sepa cómo se llama cada juguete. Felicítelo, alabándolo y besándolo cuando diga el nombre del juguete que se le muestre.

3. Poco a poco enséñele los juguetes cada vez a una distancia mayor, preguntándole el nombre de cada uno, hasta llegar a un metro.

4. Recuerde que debe lograr que el niño diga correctamente el nombre de los cinco juguetes mostrados a esa distancia, en dos de tres veces seguidas.

128

Observaciones

En este objetivo se califica que el niño acierte en decir el nombre correcto de los juguetes, aunque su pronunciación no sea perfecta.

Objetivo 82

El niño recorrerá con su dedo índice, el contorno y detalles finos de un dibujo, en dos de tres ocasiones seguidas.

Material

Tarjetas de 15 × 15 cm aproximadamente, con diferentes dibujos de objetos conocidos, en cuyos contornos y líneas finas tengan diamantina pegada.

Actividad y procedimiento

1. Presente al niño cada dibujo, y pídale que pase su dedo índice suavemente sobre las líneas de diamantina. Si no lo hace, realice la actividad para que él lo observe y después lo haga él solo. Si aun así no lleva a cabo el ejercicio, guíe su dedo índice para que lo pase sobre las líneas de los dibujos, al mismo tiempo que le describe las partes de la figura que en ese momento le esté señalando.

2. Repita el ejercicio varias veces hasta que el niño lo haga solo, cuando se le indique. No olvide alabarlo cuando presente la conducta deseada.

3. Poco a poco retire la diamantina de las líneas hasta que quede únicamente el dibujo, y pida al niño que pase su dedo sobre el contorno y líneas del dibujo, como cuando lo hacía sobre la diamantina.

4. Efectúe el ejercicio varias veces hasta que el niño lo realice por sí mismo, en dos de tres presentaciones seguidas.

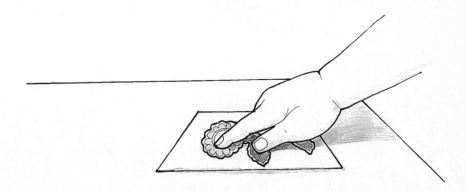

Objetivo 83

El niño doblará por la mitad una hoja de papel tamaño carta, cuando se le pida, en un tiempo de 10 segundos, en tres de cuatro ocasiones seguidas.

Material

Varias hojas de papel tamaño carta.

Actividad y procedimiento

1. Dé al niño una hoja para que juegue con ella arrugándola y desdoblándola, y se familiarice con el material.
2. Proporcione otra hoja al niño, y muéstrele como doblar la hoja por la mitad, para que haga lo mismo. Si se le dificulta, ayúdelo en sus movimientos para doblarla.
3. No olvide felicitarlo, alabándolo y besándolo cuando realice un buen intento o pueda realizar la conducta deseada.
4. Desarrolle este ejercicio varias veces hasta que lo haga él solo, y pídale poco a poco mayor rapidez, hasta que doble la hoja por la mitad en un lapso de 10 segundos, en tres de cuatro oportunidades seguidas.

Objetivo 84

El niño unirá dos partes de una estampa cortada por la mitad en un tiempo de 20 segundos, en dos de tres presentaciones seguidas.

Material

Una estampa de 5 × 8 cm aproximadamente, con un dibujo de un animal, fruta u objeto conocido, cortada por la mitad.

Actividad y procedimiento

1. Presente al niño la estampa unida correctamente en sus dos partes, para que observe la figura completa.
2. Separe un centímetro las dos partes de la estampa, sin alterar la posición correcta, y únalas nuevamente para que lo observe, y después lo imite cuando le muestre la estampa dividida.

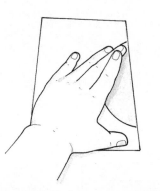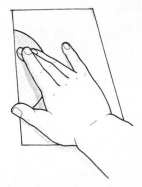

3. En cada ocasión, separe más las partes de la tarjeta, y después pida al niño que las vuelva a unir.
4. Cuando el niño pueda unir sin dificultad las dos partes de la estampa, gírelas un poco, para que luego las coloque en su posición correcta y las una. Si al niño se le dificulta el ejercicio, ayúdelo a realizarlo para que después lo haga solo.

5. Efectúe este ejercicio las veces que sean necesarias, hasta que el niño pueda llevarlo a cabo sin ayuda.

6. En cada ocasión, pídale mayor rapidez, hasta que pueda unir las dos partes de la estampa en un tiempo de 20 segundos, en dos de tres veces seguidas.

Objetivo 85

El niño hará una pirámide de tres cubos en 30 segundos, en tres de cuatro ocasiones seguidas.

Material

Tres cubos de madera de 5 × 5 cm.

132

Actividad y procedimiento

1. Coloque sobre la mesa dos cubos y júntelos en fila, para que el niño lo observe y después lo imite cuando se le proporcionen dos cubos.

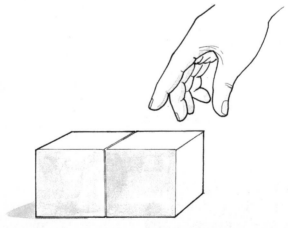

2. Mientras realiza este ejercicio, explíquele al niño que van a realizar una pirámide.

3. Si al niño se le dificulta esta actividad, guíe sus manos para que tome los cubos y los junte en fila. Procure disminuir su ayuda poco a poco, hasta que el niño lo haga solo.
4. Tiene el tercer cubo y colóquelo sobre los dos anteriores para formar la pirámide, cuando el niño lo observe para que después lo imite. Si se le dificulta, guíe el movimiento de sus manos y luego disminuya paulatinamente esta ayuda hasta que lo haga solo.
5. Cuando el niño pueda realizar la pirámide sin ayuda, pídale mayor rapidez en sus movimientos, hasta que pueda hacerla en un tiempo de 30 segundos, en tres de cuatro veces seguidas.

Objetivo 86

El niño acomodará en fila cinco cubos graduados por tamaño, del grande al chico, en un tiempo de 50 segundos, en dos de tres ocasiones seguidas, después de que se le demuestre.

Material

Cinco cubos de diferentes tamaños.

133

Actividad y procedimiento

1. Coloque sobre la mesa el cubo más grande y el cubo más pequeño y acomódelos en fila, con el más grande a la izquierda y el más pequeño a la derecha.

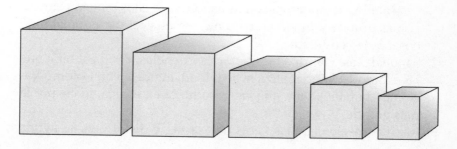

2. Ahora desacomode los cubos y pida al niño que los acomode nuevamente, ayudándole a hacer la comparación de tamaños.
3. Repita varias veces el ejercicio, hasta que el niño pueda realizarlo sin ayuda.
4. Siga agregando cubos sobre la mesa, de uno en uno, y ayude al niño a acomodarlos, entre los que ya están, haciendo siempre la comparación entre los tamaños.
5. En cada ocasión, disminuya esta ayuda hasta que el niño pueda ordenar los cinco cubos, después de la demostración. Cuando lo logre, pídale mayor rapidez en su ejecución, hasta que pueda realizarla en 50 segundos, en dos de tres presentaciones seguidas.

Objetivo 87

El niño insertará en un asta cinco figuras perforadas y graduadas por tamaño, de la grande a la chica, en un tiempo de 50 segundos, en dos de tres oportunidades seguidas, después de la demostración.

134

Material

Un asta con base y cinco figuras circulares de diferentes tamaños perforadas por el centro.

Actividad y procedimiento

1. Coloque sobre la mesa el asta y las dos figuras más grandes, enseñe al niño la diferencia de tamaños entre ellas y meta primero la más grande y luego la más chica en el asta, para que el niño observe la actividad.
2. Saque del asta las dos figuras y desordénelas, y pida al niño que las acomode. Si no realiza la actividad, ayúdele con la comparación de tamaños para que las introduzca en el asta, inicie por la más grande.
3. Repita este ejercicio las veces necesarias, y disminuya su ayuda

poco a poco hasta que efectúe la actividad por sí solo, después de observar una demostración.

4. Aumente en forma gradual el número de figuras sobre la mesa y, después de una demostración, pídale al niño que haga la comparación de tamaños entre ellas, hasta que pueda comparar las cinco figuras e introducirlas en el asta de acuerdo con su tamaño.

5. Una vez que el niño pueda acomodar por orden de tamaño las figuras, de la grande a la chica, pídale mayor rapidez en su ejecución hasta meterlas en 50 segundos, en dos de tres veces seguidas, después de la demostración.

Objetivo 88

El niño agregará un adjetivo calificativo a un enunciado incompleto en 15 segundos, en dos de tres enunciados incompletos.

Material

Una manzana roja, un vaso con leche y un lápiz amarillo.

Actividad y procedimiento

1. Coloque frente al niño la manzana, dígale: "La manzana es… (roja)", y enseguida pregúntele: "¿La manzana es…?" y deje que él responda. Si no lo hace, ayúdele, mencione la primera sílaba de una respuesta posible para que la complete.
2. Repita el ejercicio las veces necesarias hasta que el niño responda a la pregunta con un adjetivo calificativo, sin ayuda.
3. Cuando realice el paso anterior, estimúlelo para que conteste cada vez más rápido, hasta hacerlo en un tiempo menor a 15 segundos.
4. Practique el mismo ejercicio con otro tipo de preguntas, para que el niño las conteste con un adjetivo calificativo, por ejemplo:

   a) ¿La leche es… (blanca)?
   b) ¿El lápiz es… (amarillo o de madera)?

5. Varíe las preguntas, hasta que el niño responda correctamente a dos de tres, en un tiempo no mayor a 15 segundos para cada una.

Lo importante de este objetivo es que el niño complete el enunciado con un adjetivo calificativo, acorde con una de las características del objeto que se le esté mostrando.

Objetivo 89

El niño con los ojos tapados nombrará cinco objetos al tocarlos, en dos de tres presentaciones seguidas.

Material

Cinco objetos conocidos por el niño, como una sonaja, una pulsera, una esponja, una pelota y un muñeco.

Actividad y procedimiento

1. Muestre los objetos al niño, de uno en uno, y deje que juegue con ellos. Luego, pídale que repita el nombre de cada uno una vez que se los haya dicho varias veces.
2. Explique al niño que van a jugar con los ojos tapados, y que tiene que adivinar lo que se le ponga en las manos.
3. Tápele los ojos al niño y ponga en sus manos uno de los objetos para que adivine qué es. Pero si no lo hace, ayúdelo guiando sus manos a cada una de las partes del objeto, y si continúa sin saber qué es, destápele los ojos para que vea el objeto y lo nombre.
4. Repita los pasos anteriores con cada uno de los objetos, las veces que se requieran, hasta que el niño diga el nombre de los objetos proporcionados.
5. Disminuya su ayuda hasta que el niño, con los ojos tapados, nombre cinco objetos después de tocarlos en dos de tres oportunidades seguidas, para cada uno.

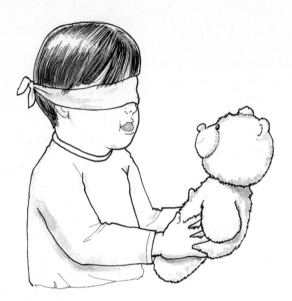

CATEGORÍA: DISCRIMINACIÓN

Subcategoría: Personas

Objetivo 90

El niño igualará una tarjeta de una persona en un lapso de 10 segundos, en tres veces seguidas cuando se le presente otra tarjeta igual.

Material

Dos tarjetas iguales con la figura de una persona.

Actividad y procedimiento

1. Coloque frente al niño una de las dos tarjetas y explíquele cómo es una persona en comparación con los objetos o los animales. Menciónele a las personas que él conoce y deje que observe y juegue con la tarjeta durante un momento.

2. Pida al niño que muestre la tarjeta de la persona que tiene frente a él, al mismo tiempo que le muestra la otra igual.

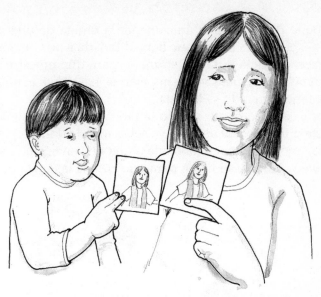

3. Si el niño no realiza el paso anterior, guíe su mano para que tome la tarjeta y la muestre cuando le enseñe la otra igual. Preste varias veces esta ayuda y redúzcala poco a poco, hasta que logre realizarla por sí solo. Anímelo a que cada vez lo haga más rápido, hasta que muestre su tarjeta en 10 segundos, en tres ocasiones seguidas, después de la petición.

Objetivo 91

El niño seleccionará la tarjeta de una persona, entre dos tarjetas, en un tiempo de 10 segundos, en tres presentaciones seguidas.

Material

Dos tarjetas: una con el dibujo de una persona, y otra diferente (con un objeto, un animal, o una figura geométrica, entre otras cosas).

Actividad y procedimiento

1. Coloque frente al niño únicamente la tarjeta de una persona y dígale: "Dame la tarjeta que tiene dibujada a una persona." Si no lo hace, ayúdelo guiando su mano para que muestre la tarjeta.
2. Repita el ejercicio las veces necesarias, hasta que el niño presente la tarjeta cuando se le pida.
3. Ahora, coloque frente al niño la tarjeta de una persona y la otra tarjeta diferente que usted haya seleccionado. Pídale que le muestre la tarjeta que tenga dibujada a una persona. Si no lo hace o se equivoca, diríjale su mano para que enseñe la tarjeta correcta.

4. Desarrolle el ejercicio varias veces hasta que lo haga por sí solo y, en cada ocasión, pídale mayor rapidez hasta que muestre la tarjeta correcta en un tiempo de 10 segundos, en tres oportunidades seguidas.

 Objetivo 92

El niño seleccionará cinco tarjetas con personas entre 20 tarjetas, en un minuto, en dos de tres presentaciones seguidas.

Material

20 tarjetas: cinco que contengan dibujos de personas y 15 diferentes (de objetos, animales o figuras geométricas, entre otras).

Actividad y procedimiento

1. Coloque frente al niño las 20 tarjetas en desorden y pídale que recoja las cinco con la imagen de una persona. Si necesita ayuda para hacer la selección adecuada, explíquele las características que diferencian a las personas de los objetos, animales u otras tarjetas. Si aún así, el niño no realiza correctamente la actividad, coloque sobre las tarjetas una señal, como un moño pequeño, para que el niño identifique con facilidad las tarjetas que contengan el dibujo de una persona; retire la señal en forma gradual hasta que las identifique sin ayuda.

2. Una vez que el niño pueda identificar las tarjetas con una persona, sin dificultad, pídale en cada ocasión mayor rapidez hasta que logre encontrar las cinco tarjetas en un tiempo de 20 segundos, en dos de tres oportunidades seguidas.

Subcategoría: Objetos

Objetivo 93

El niño modelará plastilina no tóxica, aplastándola, enrollándola o alargándola, en tres ocasiones seguidas, después de una demostración.

Material

Barras de plastilina de diferentes colores (no tóxica).

Actividad y procedimiento

1. Coloque frente al niño la plastilina y muéstrele cómo trabajarla, para que después él lo haga aplastándola, enrollándola o alargándola.
2. Dé al niño una bolita de plastilina y pídale que la talle sobre la mesa para enrollarla o formar cualquier otra figura. Recuerde que cuando el niño realice la actividad deseada, siempre debe felicitarlo con besos, caricias, etc. Si no hace lo que se le pide, ayúdelo con los movimientos de su mano.

3. Preséntele al niño diferentes materiales, como migajón de pan o una mezcla hecha de harina, y realice varias figuras para captar su atención.
4. Poco a poco disminuya la ayuda, hasta que el niño realice la figura deseada en tres veces seguidas, después de una demostración.

Objetivo 94

El niño escogerá entre dos objetos el más bonito en un tiempo de 15 segundos después de su presentación, en dos de tres oportunidades seguidas.

Material

Dos objetos iguales; uno en buen estado y otro maltratado.

143

Actividad y procedimiento

1. Muestre al niño el objeto en buen estado e indíquele que es "bonito", explicándole cuáles son las características de un objeto bonito, para que lo diferencie de otros que no lo son. Enseguida, dígale: "Muéstrame el objeto bonito", para que lo señale.
2. Después, junto al objeto bonito coloque el objeto maltratado, diciéndole: "No es bonito", y explíquele por qué no lo es, mediante comparaciones entre los dos objetos.
3. Vuelva a colocar los dos objetos frente al niño y pídale que le muestre el objeto bonito. Si no lo hace o se equivoca, guíe su mano para que señale correctamente el objeto bonito y explíquele otra vez cuáles son sus características.
4. Varíe los objetos constantemente y repita el ejercicio varias veces, disminuyendo en forma paulatina la ayuda prestada hasta que el niño aprenda.
5. Ponga frente al niño los dos objetos, para que diferencie el bonito en un tiempo de 15 segundos después de la petición, en dos de tres ocasiones seguidas.

Objetivo 95

144

El niño adivinará de cuatro a seis objetos después de escuchar la descripción de sus características.

Material

De cuatro a seis objetos conocidos por el niño, como una cuchara, un vaso, una playera, un carro de juguete, un radio y un pan.

Actividad y procedimiento

1. Coloque frente al niño los seis objetos y pídale que adivine señalando el objeto que corresponda a la descripción que le narre. Por ejemplo, "¿Qué será? Con él podemos escuchar música y tiene la forma de una cajita, ¿qué es?" En este caso, el niño debe señalar el radio, pero si no lo hace, hágalo funcionar y repita su descripción, al mismo tiempo que le guía la mano al niño para que lo señale.

2. Repita varias veces el paso 1, hasta que el niño nombre en forma correcta el objeto correspondiente a la descripción.
3. Realice la actividad con cada uno de los demás objetos, es decir, haga funcionar el carrito de juguete, déle al niño una probadita de pan, etc., para mostrarle sus características.
4. Desarrolle el ejercicio varias veces y retire después los objetos, para que el niño adivine nombrando correctamente el objeto de la descripción.

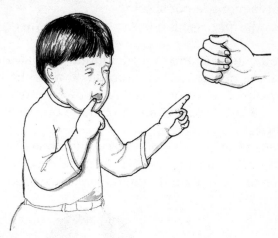

145

Objetivo 96

El niño señalará correctamente cuatro monedas, cuando se le nombren por su valor, en un tiempo de 10 segundos por cada una.

Material

Cuatro monedas de diferente denominación: 50 ¢, $1, $5 y $10.

Actividad y procedimiento

1. Coloque frente al niño una moneda de 50 ¢, menciónele su valor (cincuenta centavos), al tiempo que le pide que la señale.

2. Ponga otra moneda junto a la de cincuenta centavos, y pídale al niño que le señale esta última. Poco a poco agregue junto a la de cincuenta centavos cada una de las demás monedas y en cada ocasión pídale que le señale esta última. Si no apunta a la moneda correcta o se equivoca, muéstrele las características de tal moneda, como su tamaño, color y peso, en comparación con las de las demás monedas, para que aprenda a diferenciarla. Reduzca la ayuda en forma progresiva, hasta que el niño pueda identificar la moneda por sí solo.

3. Realice los dos pasos anteriores con cada una de las cuatro monedas.

4. Ahora, coloque las cuatro monedas juntas y pídale que señale la moneda de la denominación indicada. Si no lo hace o se equivoca, menciónele el valor de cada una de las monedas y pídale que las vaya señalando, al mismo tiempo que se le repiten sus características.

5. Repita el ejercicio las veces necesarias hasta que el niño, sin ayuda, señale correctamente la moneda de la denominación mencionada en un tiempo de 10 segundos por cada moneda.

146

Objetivo 97

El niño dirá la denominación correcta de cuatro monedas, en dos de tres presentaciones en conjunto.

Material

Cuatro monedas de diferente denominación: 50 ¢, $1, $5 y $10.

 **Actividad y procedimiento**

1. Cuando el niño pueda señalar la moneda correspondiente a la denominación que se le nombra, comience a trabajar este objetivo.
2. Coloque frente al niño una moneda, dígale su denominación y pídale que la repita.
3. A continuación pregúntele cuál es el valor de esa moneda. Si se equivoca al contestar, menciónele la primera sílaba de la respuesta para que la complete.
4. Repita el paso anterior las veces que sean necesarias. Disminuya poco a poco su ayuda, hasta que el niño mencione la denominación correcta de la moneda señalada.
5. Realice los cuatro pasos anteriores, con cada una de las monedas.
6. Ahora presente al niño las cuatro monedas juntas, y pídale que diga la denominación correcta de cada una en dos de tres veces.

Objetivo 98

El niño señalará correctamente cinco objetos en dibujos, al nombrárselos, en dos de tres presentaciones seguidas en conjunto.

Material

Cinco tarjetas con dibujos de objetos conocidos por el niño, como una cuchara, una pelota, un muñeco, un biberón y un zapato.

Actividad y procedimiento

1. Coloque frente al niño una tarjeta de un objeto (por ejemplo, de una cuchara) y pídale que la señale cuando se la nombre.

2. Agregue otra tarjeta junto a la anterior (cuchara), y pida al niño que señale la tarjeta de la cuchara. Si tiene problemas para realizar la actividad, guíele su mano para que señale la tarjeta correcta, al nombrársela nuevamente, mientras le describe las características de la cuchara.

148

3. Poco a poco vaya agregando las demás tarjetas, y en cada ocasión, pida al niño que le señale la que contenga la cuchara.
4. Trabaje los pasos anteriores con cada una de las demás tarjetas, hasta que el niño señale correctamente, entre las cinco tarjetas, aquella que se le nombre, en dos de tres veces para cada una.

Objetivo 99

El niño señalará, entre 10, cinco tarjetas, que representen objetos o situaciones peligrosas.

Material

10 tarjetas: cinco que muestren objetos o situaciones peligrosas, como jugar con un cuchillo, tijeras puntiagudas, fuego, vidrios rotos, muebles astillados, zapatos desatados y botellas con el signo NO; y cinco tarjetas con dibujos diferentes al tema, como un niño durmiendo o estudiando.

149

Actividad y procedimiento

1. Muestre al niño de una en una, las tarjetas con situaciones peligrosas, y explíquele por qué son peligrosas.
2. Después coloque frente al niño las cinco tarjetas revueltas entre otras cinco no peligrosas, y pídale que señale aquellas que muestren objetos o situaciones peligrosas. Si lo hace correctamente, felicítelo alabándolo y acariciándolo, pero si no lo hace, ayúdelo a identificarlas y explíquele nuevamente por qué son peligrosas.

3. Disminuya su ayuda poco a poco, hasta que el niño identifique las tarjetas de situaciones peligrosas sin ayuda.

Subcategoría: Alimentos

Objetivo 100

El niño señalará, entre 15 tarjetas, dos con alimentos en un tiempo de 45 segundos, en dos de tres oportunidades seguidas.

Material

15 tarjetas: dos con dibujos de alimentos, y 13 con dibujos diferentes, como objetos, animales y figuras geométricas, entre otras.

150

Actividad y procedimiento

1. Enseñe al niño únicamente las tarjetas con dibujos de alimentos, y explíquele qué tipo de alimentos son: frutas, postres, comida, verduras, etcétera.
2. Pida al niño que señale las dos tarjetas cuando se le diga: "¿Dónde están los dibujos de alimentos?" Si no lo hace, guíe su mano para que las señale al tiempo que le dice: "Son dibujos de alimentos."
3. Repita varias veces el paso 2, hasta que el niño señale las dos tarjetas frente a él cuando se le pregunte: "¿Dónde están los dibujos de alimentos?"
4. Coloque frente al niño las dos tarjetas con dibujos de alimentos, y agregue otra tarjeta diferente, que contenga, por ejemplo, el dibujo de una figura geométrica, y pídale que señale las dos con alimentos. Si no realiza la actividad, ayúdelo a identificarlas guiando su mano para que las señale.
5. Reduzca su ayuda en cada ocasión hasta que el niño señale las dos tarjetas correctas, sin ayuda.

6. Vaya agregando, de una en una, las 13 tarjetas sin dibujos de alimentos.

7. Si al niño se le dificulta identificar las dos tarjetas con alimentos, coloque sobre éstas una señal pequeña (moño), y conforme vaya trabajando, retírelas poco a poco y disminuya su tamaño progresivamente hasta que dejen de usarse.

8. Recuerde que el niño debe señalar las dos tarjetas de alimentos, revueltas entre otras 13 tarjetas, en un tiempo de 45 segundos en dos de tres veces seguidas.

151

Objetivo 101

El niño, después de probar dos alimentos distintos, dirá correctamente "dulce" o "amargo" en un tiempo de 15 segundos, en dos de tres ocasiones seguidas.

Material

Alimentos dulces: ate, azúcar.
Alimentos amargos: jugo de toronja.

Actividad y procedimiento

1. Dé al niño pequeñas probaditas de alimentos dulces, y en cada ocasión pídale que repita "dulce".
2. Continúe dándole probaditas de alimentos dulces, y en cada ocasión pregunte como está el ate (dulce). Si no contesta, dígale: "Es dulce", para que repita la respuesta correcta.
3. Repita los dos pasos anteriores hasta que el niño diga "dulce", después de probar un alimento y sin equivocarse en dos veces seguidas.
4. Trabaje del mismo modo pero ahora con alimentos amargos, y una vez que el niño los pueda diferenciar y los nombre, pase al siguiente paso.
5. Ahora dé al niño tres probaditas de los alimentos: dos dulces y uno amargo o dos amargos y uno dulce, para que el niño los nombre en forma correcta diciendo "dulce o amargo", en un tiempo de 15 segundos en dos de tres probaditas. Lo importante es que el niño aprenda a diferenciar el concepto *dulce* o *amargo*, aunque su pronunciación no sea perfecta.

Observaciones

No pase al siguiente objetivo si el niño no puede realizar el presente.

Objetivo 102

El niño señalará correctamente el alimento dulce o amargo, sin haberlos probado, en dos de tres presentaciones seguidas.

Material

Tres alimentos: dos dulces y uno amargo, o viceversa.

Actividad y procedimiento

1. Con los mismos alimentos utilizados en el objetivo anterior (ate, azúcar, jugo de toronja, entre otros), trabaje este objetivo.
2. Sólo muestre al niño los tres alimentos y pídale que diga "dulce" o "amargo", según el alimento.
3. Si se le dificulta al niño el paso anterior, déle una probadita de cada alimento y pregúntele si es "dulce" o "amargo". Corríjalo cuando se equivoque, dígale la primera sílaba de la respuesta correcta. Por ejemplo, si se le da azúcar y no responde, dígale "es dul...", para que complete la palabra diciendo "dulce".
4. Repita el paso anterior varias veces hasta que nombre correctamente "dulce" o "amargo" en dos de tres veces seguidas.

Subcategoría: Animales

Objetivo 103

El niño seleccionará, entre 20 tarjetas, cinco con animales en un lapso de un minuto, en dos de tres oportunidades seguidas.

Material

20 tarjetas: cinco con dibujos de animales y 15 con dibujos diferentes, como objetos, frutas o figuras geométricas, entre otras.

Actividad y procedimiento

1. Muestre al niño únicamente las tarjetas con dibujos de animales, y dígale cómo se llaman.
2. Pida al niño que señale las cinco tarjetas cuando le pregunte: "¿Dónde están los dibujos de animales?" Si no lo hace, guíe su mano para que las señale mientras le dice: "Son dibujos de animales." No utilice las otras tarjetas (las que no tienen animales).
3. Coloque frente al niño las cinco tarjetas con animales y agregue una tarjeta con un dibujo diferente, como el de una figura geométrica. Y ahora pídale que señale las cinco tarjetas con animales. Si no realiza la actividad, guíe su mano para que las señale al tiempo que le explica por qué son animales describiendo sus características.
4. Agregue de una en una las 15 tarjetas que no tienen dibujos de animales.
5. Si al niño se le dificulta identificar, entre las otras 15 tarjetas, las cinco tarjetas con dibujos de animales, coloque sobre éstas una señal pequeña (moño), y conforme vaya trabajando, retire paulatinamente y disminuya su tamaño hasta quitarla.

Objetivo 104

El niño dirá el nombre de cinco animales, al verlos y escucharlos, en un tiempo de un minuto, en dos de tres presentaciones seguidas.

Material

Cinco tarjetas con dibujos de animales: un perro, un gato, un pollito, un caballo y un pájaro, con la grabación de sus sonidos correspondientes.

Actividad y procedimiento

1. Presente al niño la tarjeta con el dibujo de un perro y la grabación de su ladrido, y pídale que repita "perro" después de escucharlo y verlo en la tarjeta.
2. Repita varias veces el paso anterior, hasta que el niño diga "perro", después de verlo y escuchar el ladrido. Si no lo hace, ayúdelo diciéndole la primera sílaba de la respuesta para que la

complete; por ejemplo, se le dirá: "Es un pe..." (perro). Disminuya poco a poco esta ayuda, hasta que el niño lo nombre por sí solo.

3. Trabaje de igual modo con cada una de las demás tarjetas y la grabación del sonido que caracteriza a cada uno de los animales.

4. Posteriormente, presente el sonido y dibujo de cada uno de los cinco animales, en forma desordenada, para que el niño identifique al animal correspondiente en un tiempo de un minuto, en dos de tres oportunidades seguidas.

Subcategoría: Sonidos

 Objetivo 105

El niño dirá "suave" o "fuerte", al escuchar el sonido correspondiente, en un lapso de 15 segundos en dos de tres veces seguidas.

 **Material**

Un radio.

Actividad y procedimiento

1. Empiece por señalar los sonidos fuertes. Pida al niño que aplauda fuerte después de la demostración que usted realice, e indíquele que diga "fuerte".
2. Repita varias veces el paso anterior, hasta que el niño aplauda y diga "fuerte". No olvide alabarlo cuando realice la actividad.
3. Realice los dos pasos anteriores, pero ahora aplauda con suavidad y diga "suave".
4. Cuando aplauda suave o fuerte e identifique en forma correcta el tipo de sonido, pase al siguiente paso.
5. Ahora, encienda un radio con el volumen fuerte y pídale al niño que diga "fuerte" después de que usted lo haga. Repita este ejercicio varias veces, hasta que él solo diga "fuerte" al escuchar un sonido así.
6. Continúe trabajando de igual forma, pero ahora con el volumen suave, hasta que el niño lo identifique y lo nombre correctamente.

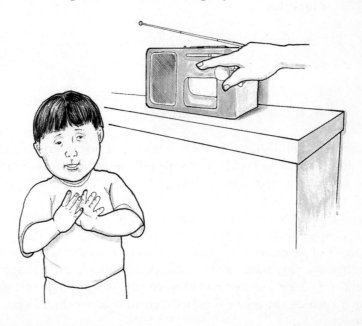

7. Ahora combine sonidos fuertes y suaves con la radio y pida al niño que los nombre correctamente. Si tiene problemas con la actividad, diga la primera sílaba de la respuesta: por ejemplo, si

el volumen del sonido es fuerte y el niño se equivoca o se queda callado porque no sabe cómo nombrarlo, entonces dígale: "Es un sonido fuer…" (fuerte), para que complete la respuesta.

8. Disminuya poco a poco la ayuda, hasta que el niño nombre de manera correcta un sonido, en un tiempo de 15 segundos en dos de tres ocasiones seguidas. Cuando se indica que el niño responda correctamente, no se hace referencia a su pronunciación, sino a su capacidad de diferenciar el tipo de sonido.

Objetivo 106

El niño dirá "largo" o "corto", al oír el sonido correspondiente, en un tiempo de 15 segundos, en dos de tres oportunidades seguidas.

Material

Una flauta o una campanita.

158

Actividad y procedimiento

1. Inicie trabajando con sonidos largos. Comience por emitir un sonido de una de las cinco vocales durante un periodo largo y pida al niño que lo imite. Después de emitir el sonido, diga "largo" y pida al niño que también lo nombre.
2. Repita varias veces el paso anterior, hasta que el niño diga "largo" después de emitir un sonido así. No olvide felicitar al niño alabándolo y besándolo cuando realice la conducta deseada.
3. Realice los dos pasos anteriores, pero ahora para trabajar con sonidos "cortos", es decir, el niño emitirá el sonido de una de las cinco vocales, durante un periodo corto y lo nombrará en forma correcta.
4. Una vez que el niño pueda identificar los sonidos largos o cortos después de haber emitido el sonido correspondiente, trabaje con la flauta o la campana, combine sonidos largos y cortos, y

pídale que los nombre correctamente. Si tiene problemas para realizar la actividad, dígale la primera sílaba de la respuesta.

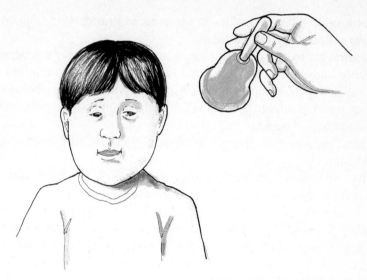

5. Disminuya poco a poco la ayuda, hasta que el niño identifique de manera correcta un sonido emitido. El niño debe responder correctamente en un margen de 15 segundos en dos de tres presentaciones seguidas. Cuando se indica que el niño responda correctamente, se hace referencia al tipo de respuesta que dé, y no a la pronunciación.

159

Subcategoría: Lugares

Objetivo 107

El niño se colocará atrás o adelante de la silla, en un tiempo de 15 segundos después de la petición, en dos de tres veces seguidas.

Material

Una silla u otro mueble que tenga partes delantera y trasera fáciles de distinguir.

Actividad y procedimiento

1. Coloque la silla en medio de un espacio grande y trabaje con el niño el concepto adelante.

2. Camine junto con el niño alrededor de la silla y diga repentinamente "adelante", para después correr y colocarse adelante de la silla. Repita el ejercicio varias veces y jale con cariño al niño para pararse adelante de la silla, hasta que él, sin ayuda, realice la conducta deseada.

3. Ahora pida al niño que se coloque atrás de la silla cuando se le indique.

4. Una vez que el niño pueda colocarse atrás de la silla después de la indicación, continúe con el siguiente paso.

5. Pida al niño que camine alrededor de la silla y repentinamente indíquele "atrás" o "adelante" de la silla, para que se coloque en el lugar correcto. Si se equivoca, repítale la indicación para que rectifique; pero si aun así no lo hace, tómelo de la mano y llévelo hacia donde se le mencionó.

6. Repita varias veces el juego hasta que el niño por sí solo se coloque atrás o adelante de la silla, según sea el caso, y pídale mayor rapidez hasta que lo haga en 15 segundos en dos de tres ocasiones seguidas.

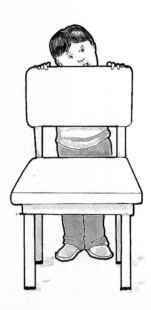 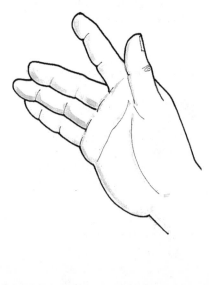

Objetivo 108

El niño se esconderá, cuando se le pida, en un lapso de 15 segundos en dos de tres veces seguidas.

Material

Un lugar para jugar sin peligros.

Actividad y procedimiento

1. Juegue con el niño a las "escondidillas", utilice el mobiliario del lugar elegido.
2. Escóndase primero usted para que el niño lo observe y háblele para motivarlo a buscarlo. Una vez que lo haya encontrado, felicítelo.
3. Pida al niño que ahora él se esconda, pero si no lo hace, muéstrele nuevamente cómo esconderse atrás de un mueble grande, y poco a poco vaya animándolo a esconderse él solo, en un tiempo de 15 segundos, en dos de tres veces seguidas.

Subcategoría: Acciones

Objetivo 109

El niño simulará la acción de dormir, limpiar, lavar y despertar, en un minuto, en dos de tres peticiones seguidas.

Material

Ninguno.

Actividad y procedimiento

1. Narre al niño un cuento donde se incluyan las acciones de dormir, limpiar, lavar y despertar, y actúelas exagerando sus movimientos corporales y gesticulares para que el niño los repita. Por ejemplo, el cuento puede ser: "Lalo *despierta* en las mañanas, *limpia* su casa, *lava* su ropa, y en la noche se va a *dormir*."
2. Repita el cuento y motive al niño para que actúe las acciones mencionadas y, si es necesario, actúe las acciones para que él lo imite.
3. Reduzca poco a poco la ayuda, hasta que el niño por sí solo actúe cada acción mencionada durante el relato del cuento. Las cuatro actuaciones deberán realizarse en un tiempo no mayor a un minuto, en dos de tres ocasiones seguidas.

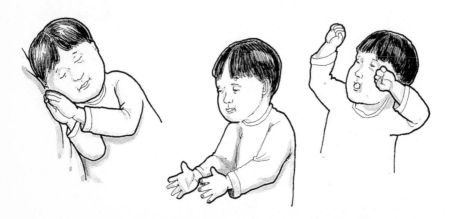

Objetivo 110

El niño realizará tres peticiones dadas al mismo tiempo, en dos de tres veces seguidas.

Material

Una caja, un botón, un perro de juguete, una mesa y unas llaves.

Actividad y procedimiento

1. Inicie realizando las peticiones, de una en una, para que el niño lo observe y después las haga. Las peticiones que debe mencionar son:

   a) Pon el botón en la caja.
   b) Dame el perro que está en la mesa.
   c) Pon las llaves junto a la caja.

163

2. Después pida al niño que realice de una en una las peticiones.
3. Desarrolle varias veces esta actividad, trabájela en forma de juego, y en cada ocasión varíe los objetos o materiales utilizados hasta el momento.
4. Ahora, pida al niño que realice las tres peticiones juntas, pero si no lo hace, ayúdelo repitiéndole con calma cada una de las peticiones. Después, dígale dos de las peticiones para que las realice rápidamente y por último dígale las tres peticiones juntas, hasta que él pueda cumplirlas todas en dos de tres veces seguidas.

Objetivo 111

El niño describirá la acción de un dibujo hecho por él, cuando se le pregunte, en dos de tres oportunidades seguidas.

Material

164

Cuentos con dibujos de acciones, hojas blancas y colores.

Actividad y procedimiento

1. Muestre al niño uno de los dibujos y pregúntele cuál es la acción que observa. Si no contesta, narre lo que pasa en ese dibujo, y nuevamente pregúntele qué sucede.
2. Trabaje de igual modo con los otros dibujos. Cuando el niño narre la acción del dibujo que se le muestra, alábelo y acarícielo por sus logros.
3. Ahora, pida al niño que haga un dibujo (simple), aunque no esté bien hecho o esté incomprensible, y pregúntele después qué ocurre en ese dibujo.
4. Si el niño se niega a realizar el dibujo y narrar lo que pasa, entonces haga con él el dibujo mientras platican la acción dibujada.
5. Desarrolle varias veces el paso anterior, hasta que el niño realice sin ayuda sus dibujos, y narre la acción de lo que sucede, en dos de tres preguntas seguidas.

Subcategoría: Adquisición del concepto color

Objetivo 112

El niño igualará una tarjeta de color (amarillo, naranja o morado) colocada frente a él en un tiempo de 10 segundos, en tres de cuatro presentaciones seguidas de cada color.

Material

Seis tarjetas: dos amarillas, dos naranjas y dos moradas. El tamaño de las tarjetas debe ser de aproximadamente 10 × 10 cm.

Actividad y procedimiento

1. Coloque únicamente una tarjeta de color amarillo frente al niño, y dígale: "Esta tarjeta es amarilla."

2. Pídale a continuación que le muestre la tarjeta amarilla, dígale: "Levanta la tarjeta amarilla", y al mismo tiempo enséñele la otra tarjeta igual. Si el niño no realiza la actividad guíe su mano para que levante la tarjeta amarilla que tiene frente a él, y la ponga junto a la otra igual que se le está mostrando.

3. Repita los pasos anteriores varias veces, hasta que el niño realice la conducta deseada, y en cada ocasión pídale mayor rapidez hasta que pueda hacerla en un tiempo de 10 segundos, en tres de cuatro ocasiones seguidas.

4. Realice todos los pasos anteriores, pero ahora con el color naranja y después con el morado.

166

Objetivo 113

El niño igualará una tarjeta de color (rojo, verde, azul, amarillo, naranja o morado) entre dos, tres y cuatro tarjetas en un tiempo de 10 segundos, en tres de cuatro presentaciones seguidas de cada color.

Material

13 tarjetas: dos rojas, dos verdes, dos azules, dos amarillas, dos naranjas, dos moradas, y una de otro color diferente, como el negro. El tamaño de las tarjetas debe ser de 10 × 10 cm.

Actividad y procedimiento

1. Coloque frente al niño la tarjeta roja y la de color diferente (negra), y pídale que levante la tarjeta roja cuando le muestre otra igual mientras le dice: "Mi tarjeta es de color rojo."

2. Si el niño no realiza el ejercicio, guíe su mano para que levante su tarjeta roja, al tiempo que se le muestra la otra igual y le dice "roja".

3. Disminuya la ayuda poco a poco, hasta que el niño muestre por sí solo la tarjeta roja al presentarle otra igual.

4. En cada ocasión, pídale mayor rapidez hasta que realice la conducta deseada en un tiempo no mayor a los 10 segundos en tres de cuatro veces seguidas.

5. Trabaje del mismo modo con cada color: rojo (ya explicado), verde, azul, amarillo, naranja y morado.

6. Una vez que logre la conducta deseada con cada color, coloque frente al niño la tarjeta roja y dos de color diferente, siguiendo los pasos 1-5 con tres tarjetas.

7. Realice de nuevo los pasos 1-5, pero ahora coloque frente al niño la tarjeta roja y tres de color diferente.

8. Trabaje de la misma manera con cada color y cuatro tarjetas.

Objetivo 114

El niño igualará un conjunto de objetos del mismo color al que se enseñe, en un tiempo de dos minutos, en tres de cuatro veces seguidas.

Material

17 objetos: seis rojos, seis verdes, uno amarillo, uno rosa, uno azul, uno naranja y uno morado; y una tarjeta de 10 × 10 cm de cada uno de estos colores.

Actividad y procedimiento

1. Coloque frente al niño todos los objetos en forma desordenada.
2. Muestre al niño la tarjeta roja y pídale que tome todos los objetos que sean del mismo color. Si se le dificulta la actividad, guíe su mano para que tome dichos objetos, comparando su color con el de la tarjeta, y al mismo tiempo indíquele: "Mira. La tarjeta y este objeto son de color rojo."

168

3. Repita varias veces el paso anterior y, en cada ocasión, disminuya la ayuda hasta que el niño por sí solo escoja del conjunto todos aquellos objetos del mismo color de la tarjeta.
4. Desarrolle todos los pasos anteriores para que el niño forme conjuntos eligiendo los objetos del mismo color de la tarjeta mostrada. Los colores a trabajar son: rojo (descrito anteriormente), verde, amarillo, rosa, azul, naranja y morado.

Objetivo 115

El niño seleccionará la única tarjeta de color (roja, amarilla, verde, azul, naranja o morada) colocada frente a él, cuando se le pida, en 10 segundos en tres de cuatro presentaciones seguidas de cada color.

Material

Seis tarjetas: una roja, una amarilla, una verde, una azul, una naranja y una morada. El tamaño de las tarjetas debe ser de 10 × 10 cm.

169

Actividad y procedimiento

1. Coloque frente al niño únicamente la tarjeta roja y dígale: "Muéstrame tu tarjeta de color rojo." Si no lo hace, dirija su mano para que tome la tarjeta y la enseñe, mientras le repite: "Esta tarjeta es de color rojo."
2. Repita el paso anterior las veces que sean necesarias, hasta que el niño muestre por sí solo la tarjeta roja después de la petición.
3. Estimule al niño para que cada vez lo haga más rápido, hasta que presente la tarjeta en un tiempo de 10 segundos después de la petición, en tres de cuatro veces seguidas.
4. Trabaje del mismo modo con cada uno de los colores: rojo (descrito anteriormente), verde, azul, amarillo, naranja y morado.

Objetivo 116

El niño seleccionará una tarjeta de color (rojo, amarillo, verde, azul, naranja o morado), entre dos tarjetas en un tiempo de 10 segundos después de la petición, en tres de cuatro veces seguidas con cada color.

Material

Ocho tarjetas: una roja, una amarilla, una verde, una azul, una naranja, una morada y dos de cualquier otro color diferente, como el blanco o el gris. El tamaño de las tarjetas debe ser de 10 × 10 cm.

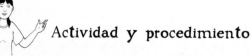 Actividad y procedimiento

1. Coloque frente al niño la tarjeta roja y otra de color diferente (blanca), y pídale que le muestre la tarjeta de color rojo. Si no lo

hace, guíe su mano para que tome la tarjeta y la enseñe al tiempo que dice: "Esta tarjeta es de color rojo."

2. Repita el paso anterior las veces que sean necesarias, hasta que el niño muestre por sí solo la tarjeta roja después de la petición.

3. Pida al niño mayor rapidez en cada ocasión, hasta que pueda seleccionar la tarjeta correcta en 10 segundos después de la petición, en tres de cuatro ocasiones seguidas.

4. Trabaje de la misma manera con cada uno de los colores: rojo (descrito anteriormente), verde, azul, amarillo, naranja y morado.

171

5. Una vez que seleccione correctamente la tarjeta del color solicitado, coloque frente al niño la tarjeta roja revuelta entre las otras dos de diferente color (gris y blanco) y únicamente solicite la tarjeta de color rojo.

6. Repita los pasos 2-4 con tres tarjetas.

7. Una vez que realice la conducta deseada con cada color, repita los pasos 1-4, utilizando cuatro tarjetas: coloque frente al niño la tarjeta de color rojo y tres de diferente color. Pídale la tarjeta de color rojo.

8. Repita con cuatro tarjetas para cada color.

Objetivo 117

El niño seleccionará, entre un conjunto de objetos, aquellos de un mismo color en dos minutos, en tres de cuatro veces seguidas para cada color.

Material

36 objetos de la misma forma y tamaño: seis rojos, seis amarillos, seis verdes, seis azules, seis naranjas y seis morados.

Actividad y procedimiento

1. Coloque frente al niño todos los objetos en forma desordenada.
2. Pídale que le dé todos los objetos de color rojo, diciéndole: "Junta todos los objetos rojos."
3. Si al niño se le dificulta la actividad, conduzca su mano para que tome dichos objetos y dígale: "Son de color rojo." En cada ocasión, disminuya la ayuda hasta que la haga por sí solo. No olvide felicitarlo y alabarlo en cada avance.

4. Repita todos los pasos anteriores para trabajar cada color: rojo (descrito anteriormente), verde, azul, amarillo, naranja y morado.

Objetivo 118

El niño graduará tres colores, del más claro al más oscuro, en un minuto después de la demostración, en dos de tres veces seguidas.

Material

Tres cubos del mismo tamaño: uno amarillo, uno naranja y uno rojo.

Actividad y procedimiento

173

1. Ponga frente al niño los cubos de color amarillo y naranja, a la izquierda el primero y a la derecha el segundo.
   Explíquele que el amarillo es de color claro y el naranja oscuro cuando los esté acomodando.
2. Pida al niño que ordene los dos cubos del claro al oscuro después de observar una demostración hecha por usted. Si no efectúa la actividad, guíe sus manos para que acomode los cubos, mientras le explica.
3. Repita varias veces el paso anterior, hasta que el niño pueda acomodar los cubos, sin ayuda, después de la demostración.
4. Agregue el tercer cubo (de color rojo), y explíquele al niño que el amarillo es claro, el naranja oscuro y el rojo más oscuro, al mismo tiempo que los acomoda del claro al más oscuro, de izquierda a derecha.
5. Ahora, pida al niño que ordene los tres cubos del claro al más oscuro después de haber observado una demostración. Pero si no puede hacerlo, entonces diríjale sus manos para que acomode los cubos, mientras le explica otra vez.

6. Repita el paso anterior las veces que sean necesarias, hasta que el niño acomode los tres cubos desordenados, del claro al más oscuro, después de observar la demostración.

Subcategoría: Lotería

Objetivo 119

El niño igualará la tarjeta de una casa colocada frente a él, juntándola a otra idéntica que se le muestre, en un tiempo de 10 segundos, en tres de cuatro ocasiones seguidas.

Material

Dos tarjetas iguales con el dibujo de una casa. El tamaño de las tarjetas debe ser de 10 × 10 cm.

Actividad y procedimiento

1. Enseñe sólo una de las tarjetas al niño y dígale: "Esta tarjeta tiene el dibujo de una casa."

2. Pídale, a continuación, que le muestre la tarjeta de una casa, dígale: "Pon tu tarjeta con el dibujo de una casa, junto a la mía", y al mismo tiempo muéstrele la otra tarjeta igual. Si el niño tiene problemas para desarrollar la actividad, guíe su mano para que junte la tarjeta que tiene frente a él con la que tiene usted.

3. Repita varias veces los pasos anteriores, hasta que el niño realice la conducta deseada. En cada ocasión, pídale mayor rapidez hasta que pueda hacerla en 10 segundos, en tres de cuatro veces seguidas.

175

Objetivo 120

El niño igualará la tarjeta de una casa, entre dos tarjetas, en un lapso de 10 segundos en tres de cuatro oportunidades seguidas.

Material

Tres tarjetas: dos iguales con el dibujo de una casa y una con otros dibujos, como un animal o una fruta. El tamaño de las tarjetas debe ser de 10 × 10 cm.

Actividad y procedimiento

1. Coloque frente al niño la tarjeta de una casa y otra con un dibujo diferente (de un animal o una fruta), y pídale que levante la tarjeta con la casa cuando le muestre otra igual, mientras le explica: "Mi tarjeta tiene el dibujo de una casa."
2. Si el niño no realiza el ejercicio, conduzca su mano para que levante la tarjeta con la casa, al mismo tiempo que nuevamente le presenta la otra igual, diciéndole "casa".
3. Disminuya su ayuda poco a poco, hasta que el niño muestre por sí solo la tarjeta de la casa al presentarle otra igual. Recuerde que cuando logre la actividad deseada, debe felicitarlo con caricias, besos, hablándole cariñosamente, etcétera.
4. En cada realización, estimule al niño para que lleve a cabo la conducta deseada en un tiempo no mayor a los 10 segundos, en tres de cuatro presentaciones seguidas.

Objetivo 121

El niño igualará una tarjeta (de una casa, un perro o un niño), comparándola entre tres tarjetas, en un tiempo de 10 segundos en tres de cuatro oportunidades seguidas para cada una.

Material

Ocho tarjetas: dos con el dibujo de una casa, dos con el dibujo de un perro, dos con el dibujo de un niño, y dos con números o colores. El tamaño de las tarjetas debe ser de 10 × 10 cm.

Actividad y procedimiento

1. Ponga frente al niño la tarjeta con el dibujo de la casa y otras dos diferentes (con números o colores), y pídale que levante la tarjeta con el dibujo de la casa cuando le muestre otra igual.
2. En caso de que el niño no efectúe el paso anterior, dirija su mano para que levante la tarjeta de la casa, a la vez que le muestra otra igual y le dice: "Mira. Esta es una casa."
3. Repita varias veces el paso anterior, y disminuya la ayuda en forma progresiva hasta que el niño presente por sí solo la tarjeta de la casa al mostrarle otra igual.

177

4. En cada oportunidad, pida mayor rapidez al niño, hasta que realice la conducta deseada en un tiempo de 10 segundos, en tres de cuatro veces seguidas.

5. Trabaje del mismo modo con cada concepto: *casa* (descrita anteriormente), *perro* y *niño*. Recuerde que es importante que el niño observe las características de cada uno de los dibujos, haciendo la comparación de las dos tarjetas iguales con las diferentes.

Objetivo 122

El niño igualará seis tarjetas de lotería, cuando se le muestren otras iguales, en un tiempo de un minuto.

Material

12 tarjetas de lotería: dos del sol, dos de la luna, dos del gallo, dos del caballo, dos del payaso y dos del rey. Estas tarjetas se mencionan únicamente como ejemplo, por lo cual puede utilizar otras.

178

Actividad y procedimiento

1. Coloque frente al niño seis tarjetas de lotería y quédese con los pares de cada una de éstas.

2. De las seis tarjetas con que se quedó, muéstrele al niño una de ellas para que busque otra igual en las seis tarjetas que tiene frente a él.

3. Si al niño se le dificulta el ejercicio, ayúdelo a buscar la tarjeta par de la tarjeta muestra, comparando ésta con cada una de las seis tarjetas que tiene el niño.

4. Repita el paso anterior señale al niño las características de cada dibujo y disminuya paulatinamente esta ayuda, hasta que el niño pueda encontrar cada una de las seis tarjetas.

5. En cada ocasión, pídale mayor rapidez hasta que iguale las seis tarjetas en un tiempo no mayor a un minuto.

Objetivo 123

El niño seleccionará la única tarjeta en frente de él (de un **179** perro, una casa o un niño) en 10 segundos, en tres de cuatro veces seguidas para cada una, cuando se le pida.

Material

Tres tarjetas: una con una casa, una con un perro y una con un niño. El tamaño de las tarjetas debe ser de 10 × 10 cm.

Actividad y procedimiento

1. Ponga frente al niño la tarjeta de la casa e indíquele: "Muéstrame la tarjeta de la casa."
2. Si el niño no realiza el ejercicio anterior, conduzca su mano para que tome la tarjeta y la muestre, al mismo tiempo que le repite: "Mira. Esta es la casa."

3. Repita varias veces el ejercicio, señale al niño las características de la casa, y disminuya esta ayuda en forma gradual, hasta que el niño presente la conducta deseada.
4. Pida al niño mayor rapidez en cada ocasión, hasta que pueda enseñar la tarjeta en 10 segundos después de la petición, en tres de cuatro presentaciones seguidas.
5. Repita todos los pasos anteriores para enseñar al niño cada uno de los conceptos: *casa* (descrito anteriormente), *perro* y *niño*.

Objetivo 124

El niño seleccionará una tarjeta (de un perro, una casa o un niño), entre dos, cuando escuche su nombre, en un tiempo de 10 segundos en tres de cuatro peticiones seguidas con cada una.

Material

Cuatro tarjetas: una con un perro, una con una casa, una con un niño, y otra diferente, como un número o un color. El tamaño de las tarjetas debe ser de 10 × 10 cm.

Actividad y procedimiento

1. Ponga frente al niño la tarjeta con el dibujo de un perro y otra diferente (de un número o un color), e indíquele: "Muéstrame la tarjeta que tiene el dibujo de un perro."
2. Si al niño se le dificulta el ejercicio, entonces guíe su mano para que tome la tarjeta y la muestre, al mismo tiempo que le dice: "Mira. Este es un perro, fíjate muy bien."
3. Repita este ejercicio las veces que sean necesarias, hasta que el niño, sin ayuda, enseñe correctamente la tarjeta con el perro cuando lo escuche nombrar.
4. Pida mayor rapidez, en cada ocasión, hasta que el niño seleccione la tarjeta correcta en un tiempo no mayor a los 10 segundos, después de la petición, en tres de cuatro veces seguidas.
5. Repita todos los pasos anteriores para enseñar al niño cada uno de los conceptos: *perro* (descrito anteriormente), *casa* y *niño*.

Objetivo 125

El niño seleccionará una tarjeta (de un niño, un perro o una casa) entre tres, cuando la escuche nombrar, en un tiempo de 10 segundos en tres de cuatro oportunidades seguidas para cada una.

Material

Cinco tarjetas: una con un niño, una con un perro, una con una casa, y dos diferentes, como números, colores o figuras geométricas.

Actividad y procedimiento

1. Ponga frente al niño la tarjeta del niño y otras dos diferentes (de números, colores o figuras geométricas), y dígale: "Muéstrame la tarjeta del niño."

2. Si el niño realiza correctamente el ejercicio, felicítelo diciéndole: "¡Muy bien!" De lo contrario, dirija su mano para que tome la tarjeta correcta y la enseñe, mientras le dice: "Mira. Este es un niño como tú." Menciónele una de las características del dibujo.

3. Repita este ejercicio las veces que sean necesarias, hasta que el niño seleccione en forma correcta la tarjeta nombrada entre tres tarjetas.

4. Estimule al niño para que desarrolle la actividad cada vez más rápido, hasta hacerla en un tiempo no mayor a los 10 segundos, en tres de cuatro veces seguidas.

5. Ahora repita todos los pasos anteriores para enseñar al niño a seleccionar cada uno de los conceptos: *perro* (descrito anteriormente), *casa* y *niño*.

Subcategoría: Rompecabezas y formación de tableros

Objetivo 126

El niño armará un rompecabezas de tres piezas en un minuto después de la demostración, en tres de cuatro ocasiones seguidas.

Material

Un rompecabezas de tres piezas con la figura del cuerpo humano; el tamaño del rompecabezas debe ser de 15 cm de alto y 10 cm de ancho.

Actividad y procedimiento

1. Muestre al niño el rompecabezas armado, retire una de las piezas a pocos centímetros, y después pídale que la coloque en su lugar.
2. Si el niño no realiza bien la actividad, condúzcale su mano para que ensamble la pieza en el lugar correspondiente del rompecabezas, y enseguida vuelva a quitarla para que la coloque otra vez en su lugar. Repita varias veces este ejercicio, hasta que el niño efectúe la conducta deseada.

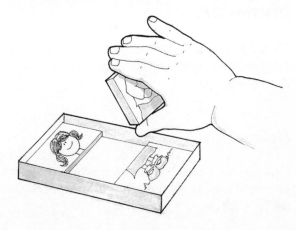

3. Presente este mismo rompecabezas armado, pero ahora separe dos piezas a pocos centímetros y después pida al niño que las ponga en su lugar.
4. Si el niño no puede realizar el ejercicio anterior, ayúdele guiando su mano para colocar las dos piezas en el lugar correcto, mientras le explica: "Mira. Estos son sus pies y van abajo de su cuerpo. ¿Viste?" Repita este ejercicio varias veces, hasta que el niño realice la conducta deseada, sin ayuda.
5. Presente otra vez el rompecabezas armado, separe las tres piezas y pídale que lo arme después de mostrarle cómo hacerlo.
6. Si al niño se le dificulta realizar el paso anterior, dígale dónde van las piezas, pero si aún así se le dificulta, guíe su mano para que las coloque en su lugar, mientras le explica cuál es el orden de las piezas. Repita varias veces este ejercicio hasta que el niño pueda armar el rompecabezas sin ninguna ayuda. En cada ocasión, pídale mayor rapidez hasta que lo arme en un minuto después de la demostración, en tres de cuatro oportunidades seguidas.

184

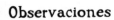

Observaciones

Es importante trabajar con la imagen de la figura humana, ya que el niño la identifica más, por ser una figura familiar.

Objetivo 127

El niño armará un rompecabezas de siete piezas, después de la demostración, en tres de cuatro presentaciones seguidas.

Material

Un rompecabezas con la imagen de una cara formada por siete piezas. El tamaño del rompecabezas debe ser de 20 × 20 cm.

Actividad y procedimiento

1. Presente al niño el rompecabezas armado, retire una de las piezas a pocos centímetros y acomódela en su lugar. Después vuelva a retirarla y pida al niño que la acomode.
2. Si el niño tiene dificultades para efectuar el ejercicio, diríjale su mano para que ensamble la pieza en el lugar correcto; enseguida vuelva a quitarla para que el niño la coloque en su lugar, a la vez que le explica por qué va ahí esta pieza. Repita varias veces este ejercicio y disminuya paulatinamente la ayuda hasta que el niño lo ejecute sin ayuda.

3. Siga este mismo procedimiento, para quitar en cada ocasión más piezas, que el niño debe poner en su lugar después de observarlo a usted realizar la actividad. Ayude al niño únicamente cuando sea indispensable, y reduzca en forma progresiva esta ayuda hasta que el niño logre armar el rompecabezas, sin ayuda, en dos de tres ocasiones seguidas.

Observaciones

Es importante trabajar con la figura de la cara, ya que el niño la identifica más que otras.

Subcategoría: Adquisición del concepto número

Objetivo 128

El niño recitará del uno al 10 en un minuto, después de la petición, en tres de cuatro veces seguidas.

Material

Una grabación donde se canten los números del uno al 10, y una grabadora.

Actividad y procedimiento

1. Pida al niño que escuche la melodía de los números, primero del uno al tres, así que repita la grabación. Practique varias veces este ejercicio y pídale al niño que repita los números que va escuchando.
2. Una vez que el niño recite del uno al tres, aumente otros tres números más. Si se le dificulta recitar del uno al seis, trabaje lentamente y pídale que recite primero del uno al cuatro luego del uno al cinco y después del uno al seis.
3. Continúe trabajando del mismo modo, pero en cada ocasión agregue más números hasta que el niño logre recitar del uno al 10 al escuchar la grabación. Repase este ejercicio varias veces hasta que el niño recite los números, sin ayuda y sin escuchar la grabación.
4. Una vez que el niño recite del uno al 10, pídale mayor rapidez hasta que termine en un minuto, en tres de cuatro ocasiones seguidas.

Objetivo 129

El niño igualará una tarjeta colocada frente a él (con cada uno de los siguientes números: 2, 3, 4, 5, 6, 7, 8, 9 o 10), juntándola a otra idéntica que se le muestre, en un tiempo de 10 segundos, en tres de cuatro oportunidades seguidas por cada número.

Material

18 tarjetas de 10 × 10 cm con números: dos tarjetas de cada uno de los números del 2 al 10.

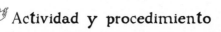

Actividad y procedimiento

1. Primero enseñe al niño a igualar la tarjeta con el número 1, lo cual se describe en el objetivo 68, en el nivel 3.
2. Después, enséñele a igualar el número 2. Coloque frente al niño únicamente la tarjeta con el número 2, y pídale que la ponga junto a otra tarjeta igual que le muestre, al mismo tiempo que se le dice: "Es el número dos."

3. No olvide felicitar al niño si realiza la actividad. Pero si se le dificulta, guíe su mano para que tome la tarjeta y la coloque junto a otra igual que le muestre.

4. Repita varias veces el paso anterior, y disminuya en forma gradual la ayuda hasta que el niño presente la conducta deseada.

5. Ahora, en cada ocasión pídale mayor rapidez al niño, hasta que realice la actividad en un tiempo no mayor a los 10 segundos, en tres de cuatro veces seguidas.

6. Siga todos los pasos citados, para enseñarle al niño a igualar los números: 2 (ya descrito), 3, 4, 5, 6, 7, 8, 9 y 10.

Objetivo 130

El niño contará del uno al tres, en cuatro de cinco ocasiones seguidas.

Material

Seis tarjetas: tres con los números 1, 2 y 3, respectivamente; y tres que no contengan números, por ejemplo con frutas o figuras geométricas. Tres objetos iguales que sean llamativos para el niño, como carritos, pelotas de esponja, etcétera.

Actividad y procedimiento

1. Presente al niño la tarjeta del número 1 y pídale que se la muestre, diciéndole: "Muéstrame la tarjeta del número uno."

   a) Si no efectúa el ejercicio, dirija su mano para ayudarlo a mostrar la tarjeta, a la vez que le dice: "Este es el número uno."
   b) Realice varias veces este mismo ejercicio, hasta que el niño, sin ayuda, presente la tarjeta con el número 1 cuando se le pida.
   c) Siga todo el paso 1 para enseñarle al niño a seleccionar, del mismo modo, las tarjetas con los números 2 y 3 cuando las escuche nombrar.

2. Muestre al niño la tarjeta con el número 1, agregue otra tarjeta diferente (con dibujos de frutas o figuras geométricas), y pídale que le enseñe la del número 1 entre las tarjetas que tiene frente a él.

   a) Si el niño tiene problemas para desarrollar el ejercicio, ayúdelo guiando su mano para que muestre la tarjeta correcta y diciéndole al mismo tiempo: "Este es el número uno." Si aun así el niño no identifica el número, pídale que pase su dedo índice sobre el dibujo del número.
   b) Realice todo lo explicado en este paso con las tarjetas de los números 2 y 3.

3. Ahora, pida al niño que recite los números del uno al tres, como se indica en el objetivo 138.

   a) Pídale que cuente los tres objetos iguales, que deben estar frente a él, después de que usted lo haga primero.
   b) Para enseñar al niño a contar un solo objeto, consulte el objetivo 70 del nivel 3.
   c) Después enséñele a contar del uno al dos: tome un objeto y muévalo de izquierda a derecha diciendo "uno", y luego tome el segundo objeto y muévalo igual al anterior diciendo "dos".
   d) En cada ocasión, pida al niño que haga lo mismo después de usted, pero si no lo hace, repita el ejercicio exagerando sus movimientos y expresiones faciales para que él lo observe.
   e) Repita varias veces el paso anterior hasta que el niño lo efectúe sin ayuda.

4. Después enséñele a contar del uno al tres con las tarjetas de los números.

   a) Tome la tarjeta con el 1 y muévala de izquierda a derecha diciendo "uno", luego tome la tarjeta con el 2 y muévala diciendo "dos", y por último tome la tarjeta con el 3 y muévala diciendo "tres".
   b) En cada ocasión, pida al niño que realice lo mismo (después de usted), pero si no lo hace, repita el ejercicio exagerando sus movimientos y expresiones faciales para llamar la atención del niño.
   c) Efectúe varias veces el paso anterior hasta que el niño cuente del uno al tres por sí solo.
   d) Por último, pida al niño que cuente correctamente tres objetos en cuatro de cinco ocasiones seguidas.

Objetivo 131

El niño formará dos conjuntos de tres objetos cada uno, en tres de cuatro peticiones seguidas.

Material

Seis objetos pequeños de 5 × 5 cm.

Actividad y procedimiento

1. No trabaje este objetivo si el niño aún no ha podido realizar el objetivo 130.
2. Muestre al niño cómo hacer conjuntos de tres objetos, mientras cuenta en voz alta cada uno de éstos; es decir, de un conjunto de objetos que tenga enfrente, tome uno de ellos y diga "uno", luego tome otro y diga "dos", tome un último objeto y diga "tres". Exagere sus movimientos y verbalizaciones cuando trabaje con el niño, para que lo observe y se motive a seguir aprendiendo.
3. Después pida al niño que efectúe lo mismo. Si se le dificulta, conduzca su mano para que mueva tres objetos, de uno en uno, a la vez que le dice que repita el número correspondiente: uno, dos y tres.
4. Repase el ejercicio varias veces, con diferentes materiales, como pelotas de esponja, limones, juguetes, pulseras, etc., hasta que el niño pueda contar tres objetos y formar un conjunto, por sí solo.
5. Una vez que el niño haga un conjunto de tres objetos, pídale que forme correctamente dos conjuntos con tres objetos cada uno, en tres de cuatro veces seguidas.

191

Objetivo 132

El niño contará del uno al 10 en cuatro de cinco oportunidades seguidas.

Material

10 tarjetas con un número del 1 al 10, varias tarjetas diferentes (por ejemplo, de frutas o figuras geométricas) y 10 objetos pequeños.

Actividad y procedimiento

1. Para trabajar este objetivo, el niño debe ser capaz de realizar los objetivos 130 y 131.
2. Presente al niño la tarjeta del número 4 y pídale que se la muestre, dígale: "Dame la tarjeta del número cuatro" (en el objetivo 130, ya se trabajó del uno al tres).

   a) Si no realiza correctamente la actividad, guíe su mano para ayudarlo a mostrar la tarjeta, al mismo tiempo que le dice: "Este es el número cuatro."
   b) Siga todo este paso para enseñarle al niño a seleccionar las tarjetas con los números: 5, 6, 7, 8, 9 y 10, cada vez que se le nombren.
   c) Practique varias veces el ejercicio hasta que el niño muestre la única tarjeta que tenga enfrente, cuando se le pida, sin recibir ayuda.

3. Ponga frente al niño la tarjeta con el número 4, y otra diferente, y después pídale que le muestre la tarjeta con el 4. Si se equivoca, dirija su mano para que le enseñe la tarjeta correcta y dígale: "Este es el número cuatro."

   a) Realice este mismo paso con cada una de las demás tarjetas (del 5 al 10).
   b) En cada ocasión, agregue tarjetas diferentes de la que le enseñe al niño, y pídale que seleccione entre todas aquélla con el número que se le nombre (del 4 al 10).

4. Ahora, pida al niño que cuente los 10 objetos, después de que le muestre cómo hacerlo.

a) Tome un objeto y muévalo de izquierda a derecha, diga "uno", y así mueva otros cuatro objetos a la vez que los nombra: "Dos, tres, cuatro, cinco" respectivamente.

b) Después, pida al niño que cuente cinco objetos de igual modo que usted.

c) Si el niño no realiza la actividad, ayúdelo guiando su mano para que pase cinco objetos de un lado a otro, mientras los van numerando: "Uno, dos, tres, cuatro, cinco."

5. Enseñe al niño a contar más objetos, primero del uno al cinco, luego del uno al seis, y así sucesivamente hasta llegar a 10 objetos.

6. Si el niño se agota al estar trabajando en un solo lugar, enséñele a contar utilizando los escalones al subir y bajar, o por medio de un juego de saltos.

Subcategoría: Adquisición del concepto tamaño

Objetivo 133

El niño seleccionará un objeto largo o corto, correspondiente a una petición, en un tiempo de 15 segundos en dos de tres presentaciones seguidas.

Material

Dos listones de un mismo color: uno de 1 m de largo y otro de 10 cm, y un carrito de juguete.

 Actividad y procedimiento

1. Extienda sobre el piso los dos listones, y en el momento en que extienda el listón de 1 m, diga en voz alta: "Este listón es l a r g o"; y cuando extienda el listón de 10 cm, diga: "Este listón es corto."
2. Ahora, pida al niño que pase un juguete (por ejemplo, un carrito) sobre el listón largo, e indíquele que repita "l a r g o" después de usted.

a) Realice este mismo ejercicio pero con el listón "corto", diga: "Este listón es corto."
b) Practique este paso varias veces hasta que el niño señale por sí solo el listón correspondiente cuando se le pregunte cuál es el largo y cuál es el corto.
c) Si se equivoca, ayúdelo repitiéndole la pregunta y guiando su mano para que señale el listón correcto.

3. Repita varias veces este ejercicio hasta que el niño realice la conducta deseada por sí solo, en 15 segundos en dos de tres ocasiones.

 Objetivo 134

El niño seleccionará un objeto alto o bajo, según una petición, en un lapso de 15 segundos, en dos de tres presentaciones seguidas.

 Material

Dos palos de escoba: uno de 1 m y otro de 50 cm.

 Actividad y procedimiento

1. Juegue con el niño a los gigantes y los enanos. Este juego consiste en que, cuando usted diga "alto", se pare de puntitas con los brazos alzados y camine, para que el niño lo observe y después lo imite, hasta que repentinamente cambie la instrucción diciendo "bajo" y se agache con los brazos bajados.

195

2. Continúe con este juego hasta que el niño realice la conducta correcta acorde con la petición. No olvide felicitarlo por sus pequeños o grandes logros.

3. Ahora, pida al niño que cuando usted diga "alto", él levante sus manos, y cuando diga "bajo", las baje. Si el niño no efectúa bien la actividad, realice el ejercicio para que él lo observe y después lo imite. Repita este paso varias veces hasta que el niño presente la conducta deseada, conforme a la petición que le indique.

4. Ponga los dos palos parados frente al niño y pregúntele cuál es el palo alto. Si el niño se equivoca, corríjalo haciendo la comparación entre los dos palos. Siga trabajando este paso hasta que el niño pueda diferenciar el tamaño de los palos en 15 segundos después de haber escuchado la petición, en dos de tres veces seguidas.

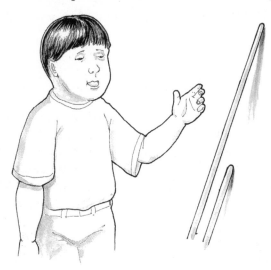

196

Objetivo 135

El niño seleccionará un objeto ancho o angosto, de acuerdo con la petición, en 15 segundos en dos de tres oportunidades seguidas.

Material

Dos tiras de tela: una de 60 cm de largo y 15 cm de ancho,

y otra de 60 cm de largo y 7 cm de ancho; estas tiras deberán estar pegadas en una cartulina, con una separación de 5 cm una de la otra. Dos juguetes de la preferencia del niño: uno ancho y uno angosto.

 Actividad y procedimiento

1. Coloque frente al niño la cartulina con las tiras de tela pegadas, y pídale que recorra la tira ancha con su juguete grande o ancho, mientras le dice: "Esta tira es ancha", y después indíquele que pase ese mismo juguete sobre la otra tira, para que observe la diferencia, mientras le dice: "Esta tira no es ancha, es angosta."

197

2. Trabaje de igual forma, pero con el juguete pequeño o angosto. Pida al niño que lo pase sobre las tiras de tela, para que observe en cuál tira cabe bien su juguete y en cuál no.
3. Realice los pasos anteriores en varias ocasiones. Luego pida al niño que señale la tira ancha o angosta, pero si se equivoca, ayúdelo dirigiéndole la mano para que señale la tira correcta.
4. En cada ocasión, disminuya la ayuda hasta que el niño solo señale en forma correcta cuál es la ancha o la angosta, en un tiempo no mayor a los 15 segundos después de la petición, en dos de tres ocasiones seguidas.

Subcategoría: Preescritura

Objetivo 136

El niño unirá tres puntos con una línea en un tiempo de 15 segundos, en dos de tres veces seguidas.

Material

Hojas blancas, un marcador de agua y crayones de varios colores.

Actividad y procedimiento

1. Dibuje sobre una hoja tres puntos con el marcador.
2. Muestre al niño cómo unir los puntos con un crayón, y después pídale que haga lo mismo sobre los trazos que usted hizo.

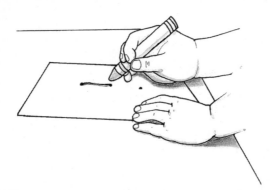

3. Si el niño tiene problemas para desarrollar la actividad, condúzcale la mano para que una los tres puntos con unas líneas.
4. Disminuya la ayuda paulatinamente, hasta que el niño realice la conducta deseada por sí solo.
5. Si aún así el niño no puede unir los tres puntos, trabaje únicamente con dos puntos.
6. Repita los ejercicios varias veces, hasta que el niño solo logre unir los tres puntos con líneas, y en cada ocasión pídale mayor

rapidez para que efectúe la conducta deseada en 15 segundos después de la petición, en dos de tres ocasiones seguidas.

CATEGORÍA: PREACADÉMICAS

Subcategoría: Preescritura

 Objetivo 137

El niño dibujará una línea en un tiempo de 10 segundos después de la petición, en dos de cinco oportunidades seguidas.

 Material

Colores de madera y hojas blancas.

199

 Actividad y procedimiento

1. Muestre al niño cómo dibujar una línea y diga en voz alta: "Esto es una línea."
2. Pida al niño que dibuje una línea. Si la traza, alábelo y permita que dibuje lo que quiera, pero si no la dibuja, realice una línea con puntos continuos y guíe su mano para trazar una línea sobre estos puntos.

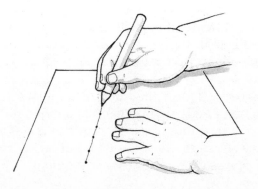

3. Paulatinamente deje de utilizar estos puntos, para que el niño dibuje una línea sin utilizar este tipo de ayuda.
4. Preste varias veces la ayuda al niño y en cada ocasión dígale: "Esto es una línea."
5. Disminuya la ayuda conforme el niño vaya dominando el ejercicio, hasta que dibuje por sí solo una línea sin curvaturas exageradas.
6. Cuando el niño pueda dibujar, sin ayuda, una línea sin grandes defectos, pídale mayor rapidez en cada ocasión para hacer la línea en 10 segundos, en dos de cinco oportunidades seguidas.

Objetivo 138

El niño imitará una cruz (representada por dos líneas que se intersecan en un punto) en un lapso de 10 segundos, en dos de cinco veces seguidas.

Material

Una tarjeta con el dibujo de una cruz, hojas blancas y colores.

Actividad y procedimiento

1. Muestre al niño la cruz dibujada en la tarjeta e indíquele que dibuje otra cruz. Si lo hace, felicítelo y permítale que siga garabateando.
2. Si al niño se le dificulta dibujar la cruz, ayúdelo dirigiendo su mano para realizar los trazos, y pídale que ponga su dedo índice sobre la primera línea hecha, para que en ese punto cruce la otra línea.
3. Repita varias veces el paso anterior y disminuya su ayuda poco a poco hasta que pueda dibujar la cruz, aunque no sea exactamente igual a la mostrada. Lo importante es que el niño dibuje dos líneas que se crucen, después de observar la cruz dibujada en la tarjeta, en dos de cinco ocasiones seguidas.

4. Se aceptarán los dibujos que el niño realice de la siguiente forma:

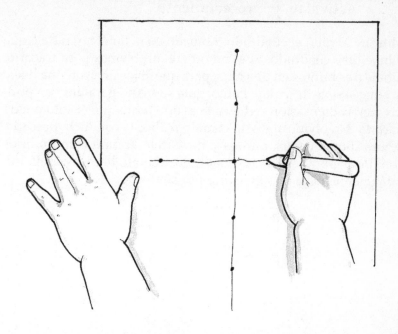

201

Observaciones

Continúe trabajando este objetivo, para que el niño perfeccione sus trazos y pueda dibujar una cruz perfecta a una edad mayor.

Objetivo 139

El niño copiará un cuadrado (tómese como correcta cualquier figura de cuatro ángulos) en dos de tres oportunidades seguidas.

Material

Una tarjeta con el dibujo de un cuadrado, hojas blancas y colores.

Actividad y procedimiento

1. Muestre al niño el cuadrado dibujado en la tarjeta, y pídale que dibuje otro cuadrado. Si el niño tiene problemas para trazarlo, dibuje tres puntos en una hoja, para que él los una con una línea.
2. Si aún así se le dificulta al niño, guíe su mano para unir los puntos y en cada ocasión reduzca la ayuda hasta que él solo pueda hacerlo. No olvide alabarlo cuando realice la conducta deseada.
3. Ahora dibuje cuatro puntos y muéstrele al niño cómo unirlos con líneas para formar un cuadrado. Si no lo hace, ayúdelo mínimamente hasta que lo realice por sí mismo.

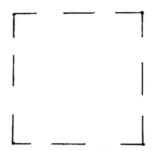

4. Por último, vuelva a mostrar al niño el cuadrado dibujado en la tarjeta y pídale que lo copie sin prestarle ninguna ayuda; recuerde que lo importante es que realice una figura de cuatro ángulos, en dos de tres veces seguidas.
5. Se dará por correcta aquella figura que el niño dibuje en la siguiente forma:

Observaciones

Continúe trabajando con el niño, hasta que perfeccione sus trazos y pueda dibujar un cuadrado perfecto a una edad mayor.

Objetivo 140

El niño pasará un lápiz sobre el contorno de un dibujo, en dos de cuatro presentaciones seguidas.

Material

Dibujos sencillos con doble contorno y un lápiz de punto mediano.

Actividad y procedimiento

1. Presente al niño un dibujo con doble contorno y muéstrele cómo dibujar una línea entre las dos líneas de dicho contorno.

2. Ahora pida al niño que realice el mismo ejercicio.

3. Si el niño no traza la línea, conduzca su mano para que pase su lápiz entre los dos contornos del dibujo.

4. Repita varias veces los pasos anteriores y en cada ocasión reduzca la ayuda, hasta que el niño realice por sí solo la conducta deseada.

5. Ahora presente al niño otro dibujo con un contorno muy grueso, para que él dibuje una línea sobre éste.

6. Si el niño no efectúa el ejercicio adecuadamente, guíe su mano lo menos posible. Repita el ejercicio varias veces, hasta que el niño pase su lápiz sobre el contorno grueso del dibujo en dos de cuatro dibujos que se le presenten.

Subcategoría: Adquisición del concepto posición

204

Objetivo 141

El niño caminará alrededor de un aro, cuando se le pida, en cuatro de cinco veces seguidas.

Material

Un aro de 1 m de diámetro, ya sea dibujado en el piso o de un material de plástico; un lugar amplio para jugar, una grabadora y un cassette con música del agrado del niño.

Actividad y procedimiento

1. Haga sonar la música y camine aplaudiendo alrededor del aro, para que el niño lo observe y después lo haga. Si no realiza la actividad, anímelo para que juntos caminen alrededor del aro al compás de la música, al mismo tiempo que dicen: "Vamos caminando alrededor del aro."

2. Ahora ya no utilicen la música, e indique al niño que van a jugar y que, para ganar, caminarán alrededor del círculo únicamente cuando escuchen la palabra secreta *alrededor*, pero si escuchan otra palabra deberán quedarse parados sin moverse.

3. Realice este juego varias veces hasta que el niño camine alrededor del círculo sólo cuando escuche la palabra *alrededor*, en cuatro de cinco peticiones seguidas.

Subcategoría: Adquisición del concepto peso

Objetivo 142

El niño seleccionará objetos pesados o ligeros, según una petición, en dos de tres veces seguidas.

Material

Cuatro bolsitas de tela del mismo color y tamaño (15 × 15 cm): dos rellenas de algodón y dos rellenas de arena; objetos de metal y de plástico, y una tina pequeña con agua.

Actividad y procedimiento

1. Muestre al niño las dos bolsas rellenas de algodón y colóquese-las en las manos para que las suba y baje, al mismo tiempo que le dice: "Estas bolsitas son ligeras."

2. Trabaje del mismo modo pero ahora con la palabra *pesado* y utilizando las bolsas de arena.

3. Ahora, ponga las cuatro bolsas frente al niño y pídale que busque las dos bolsas ligeras, haciendo la comparación entre los pesos.

4. Si el niño no logra identificar las dos bolsas ligeras, repita todos los pasos anteriores.

5. Continúe trabajando hasta que el niño seleccione correctamente las bolsas pesadas o ligeras, de acuerdo con la petición, en dos de tres ocasiones seguidas.

6. Si el procedimiento anterior no es suficiente, entonces trabaje con la tina de agua y meta en ella los objetos de plástico para que el niño observe cómo flotan. Explíquele que son objetos ligeros y por eso flotan.

 206

7. Realice este último paso, pero ahora con los objetos pesados.

8. Desarrolle esta actividad varias veces, hasta que el niño seleccione por sí solo los objetos ligeros o pesados, según la indicación, y los ponga en el agua para observar si los objetos

que seleccionó como pesados se hunden o no, o si los objetos que seleccionó como ligeros flotan o no, a fin de que él mismo corrija su selección hecha.

9. Practique varias veces este mismo ejercicio, hasta que el niño seleccione correctamente los objetos ligeros o pesados, de acuerdo con la petición, en dos de tres veces seguidas.

Subcategoría: Adquisición del concepto espacio temporal

207

 Objetivo 143

El niño acomodará una acción secuenciada en tres tarjetas, en dos de cuatro oportunidades seguidas.

 Material

Una acción secuenciada en tres tarjetas.

 Actividad y procedimiento

1. Coloque las tres tarjetas ordenadas en secuencia frente al niño y pregúntele qué observa en cada una de ellas. Si no hace la descripción, explíquele estas tarjetas una por una.

2. Ahora, desordene las tarjetas y pida al niño que las ordene conforme la acción deba pasar. Si se equivoca, explíquele nuevamente la secuencia.

3. Si aún así el niño no realiza correctamente el ejercicio, trabaje con tarjetas que contengan acciones muy cotidianas y familiares, y finalice con acciones menos comunes.
4. Repita varias veces los ejercicios anteriores, explique por qué es esa secuencia, y ordene, en lo posible, la secuencia junto al niño.
5. Retire la ayuda poco a poco, hasta que el niño acomode por sí solo la secuencia de una acción, en dos de cuatro veces seguidas.

CATEGORÍA: ACADÉMICAS

208

Objetivo 144

El niño responderá a dos de tres preguntas que se le hagan, después de escuchar la lectura de un cuento corto.

Material

Un cuento corto e ilustraciones correspondientes a éste.

Actividad y procedimiento

1. Léale al niño en voz alta un cuento corto, actúelo exagerando sus movimientos y varíe su tono de voz de acuerdo con la narración, al mismo tiempo que le muestra las ilustraciones.
2. Enséñele alguna de las ilustraciones del cuento y pregúntele

qué está pasando ahí. El niño debe responder acertadamente según lo que se le narró, pero si no lo hace, vuelva a narrarle el cuento y explíquele con más detalle las acciones de las ilustraciones.

3. Nuevamente realice algunas preguntas al niño acerca de la narración, y muéstrele la ilustración correspondiente para que recuerde y responda a la pregunta.

4. Realice todos los pasos anteriores, en varias ocasiones, hasta que el niño responda a las preguntas apoyándose en las ilustraciones, para recordar.

5. Ahora cuéntele al niño otro cuento en la forma descrita anteriormente, y después hágale tres preguntas, de una en una, pero ya no le presente la ilustración. Si el niño responde acertadamente, no olvide felicitarlo. Pero si no lo hace, ayúdelo diciéndole la primera sílaba de la respuesta para que la complete. Por ejemplo, si la pregunta fuera: "¿Cómo se llama el niño del cuento?", debe decirle: "Se llama Pe…" (Pepe).

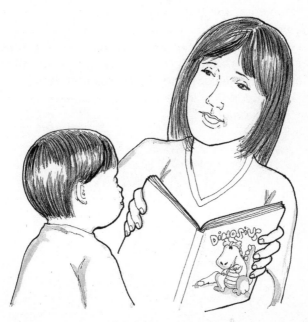

6. Repita en varias ocasiones el paso anterior, y reduzca la ayuda en forma gradual, hasta que el niño logre responder a dos de tres preguntas.

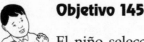

Objetivo 145

El niño seleccionará de tres a cinco objetos hechos de metal entre un conjunto de 10 objetos distintos, en dos de tres presentaciones seguidas.

Material

15 objetos de metal, como cucharas, monedas, tornillos, llaves, pulseras, etc.; y 15 objetos de otros materiales: cinco de plástico, cinco de papel y cinco de estambre o tela.

Actividad y procedimiento

1. Muestre al niño los objetos de metal, y pídale que los deje caer al piso sin aventarlos, que los aplaste, que los huela y que los toque después de meterlos al refrigerador o dejarlos un momento al sol. Explíquele que los objetos de metal no se rompen, hacen ruido al caer y se calientan o se enfrían con facilidad, a diferencia de los otros objetos hechos con otros materiales.
2. Cuando el niño explore cada uno de los objetos de metal, menciónele: "Son de metal."

3. Haga lo mismo que en los pasos anteriores, pero ahora con objetos de plástico, estambre o papel. Explique al niño que éstos no son de metal, porque se rompen (papel), no hacen ruidos al caer (estambre o papel), no se enfrían ni se calientan con facilidad (estambre, papel, plástico), etcétera.

4. Ahora, coloque todos los objetos frente al niño y pídale que le dé los de metal. Si se equivoca, corríjalo y explíquele las características de por qué un objeto es de metal o no.

5. Repita varias veces el paso anterior, hasta que el niño domine la actividad de seleccionar correctamente los objetos de metal, en tres de cinco veces seguidas.

Objetivo 146

El niño seleccionará de tres a cinco objetos hechos de tela entre un conjunto de 10 objetos distintos, en dos de tres presentaciones seguidas.

Material

15 objetos de tela: cortinas, ropa, manteles, trapos de cocina, etcétera; y 15 objetos diferentes: de plástico, papel y madera.

Actividad y procedimiento

1. Enseñe al niño los objetos de tela, y pídale que los toque, los mueva y los doble. Explíquele que por ser de tela se pueden doblar, se mueven con el aire y son suaves.

2. Cuando el niño esté explorando cada uno de estos objetos, menciónele: "Son de tela."

3. Pida al niño que trate de realizar el paso 1 con los objetos que no son de tela, para que observe que éstos no se doblan (plástico o madera), no se rompen (papel) ni son suaves (madera).

4. Ahora, ponga frente al niño cinco objetos de tela y cinco diferentes, y pídale que seleccione los objetos de tela. Si no lo

hace acertadamente, corríjalo recordándole las características de los objetos de tela y comparándolos con los que no lo son.

5. Repita el ejercicio las veces que sean necesarias, hasta que el niño seleccione por sí solo de tres a cinco objetos de tela, entre 10 objetos, en dos de tres peticiones seguidas.

212

Objetivo 147

El niño seleccionará tarjetas que contengan vehículos de seguridad entre otras que no los contengan, en dos de tres presentaciones seguidas.

Material

Cinco tarjetas: tres con vehículos de seguridad (un carro de bomberos, una ambulancia y una patrulla), y dos con vehículos diferentes (un tren, un avión); y los vehículos en juguetes.

Actividad y procedimiento

1. Presente al niño las tres tarjetas con vehículos de seguridad y explíquele cuál es la función de cada uno. En cada ocasión, repítale: "Son vehículos de seguridad", y pídale que las señale al mismo tiempo que le esté dando la explicación.
2. Muestre al niño las otras dos tarjetas, y explíquele que no son vehículos de seguridad y que su función es transportar a la gente de un lugar a otro.
3. Ahora, revuelva las cinco tarjetas y pida al niño que le dé las tres tarjetas con vehículos de seguridad. Si al niño se le dificulta realizar esta actividad, repita todos los pasos anteriores pero ahora con los juguetes, y por medio de un juego enséñele la función de los vehículos, utilizando además las tarjetas, hasta que logre diferenciar los vehículos de seguridad de los que no lo son, en dos de tres ocasiones seguidas.

213

Objetivo 148

El niño identificará la función de los colores del semáforo en dos de tres presentaciones seguidas.

Material

Tres círculos de cartón: uno de color rojo, uno verde y uno ámbar; gises de colores, un carro de juguete y muñecos.

Actividad y procedimiento

1. Dibuje en el piso trazos de calles para que el carrito de juguete pueda transitar. Juegue con el niño, y explíquele que mientras el carro transita por las calles, los muñecos deben quedarse parados en la esquina hasta que el carro se detenga para poder atravesar.
2. Después muestre al niño el círculo rojo, y explíquele que este color en el semáforo significa el alto para que el carro se pare y el muñeco atraviese la calle. Repita este paso las veces que sean necesarias, hasta que el niño realice la conducta deseada por sí solo.
3. Ahora, enseñe al niño que cuando vea el color verde y escuche la palabra *siga*, el carro tiene que avanzar por las calles, mientras los muñecos se quedan parados. Practique varias veces este ejercicio, hasta que el niño solo presente la conducta deseada.
4. A continuación trabaje con el color ámbar, y explique al niño que el ámbar aparece después del verde con el fin de que los automovilistas se preparen para frenar, ya que se aproxima el color rojo.
5. Continúe jugando con el niño con los tres colores del semáforo, y corríjalo cuando se equivoque, hasta que realice por sí solo la conducta deseada correspondiente a cada color que se le muestre, en dos de tres ocasiones seguidas.

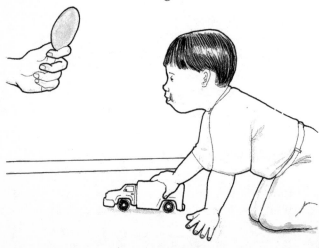

Objetivo 149

El niño acomodará correctamente las primeras tres letras de las cinco vocales, en dos de tres peticiones seguidas.

Material

Cinco pares de tarjetas: cada par con una vocal.

Actividad y procedimiento

1. Cante con el niño la canción *La marcha de las vocales* de Cri-Cri, varias veces en forma de juego, sin presionar al niño, hasta que él se la aprenda. Recuerde felicitarlo por sus logros obtenidos.
2. Después, ponga frente al niño una tarjeta de la letra A, muéstrele la otra tarjeta igual, y pídale que le enseñe la tarjeta con la letra A.

   a) Si el niño no realiza el paso anterior, guíe su mano para que tome la tarjeta y la muestre cuando se lo indique nuevamente.
   b) Repita varias veces este paso, y en cada ocasión reduzca la ayuda hasta que el niño realice la conducta deseada.

3. Continúe pidiéndole que le muestre la tarjeta con la letra A, pero ahora debe elegirla entre otras tarjetas cuando se le indique y se le muestre otra tarjeta igual.

a) Realice varias veces este paso, y corrija al niño cuando se equivoque al mostrar otra tarjeta. Paulatinamente disminuya la ayuda hasta que el niño presente la conducta deseada sin recibir ayuda alguna.

4. Ahora pida al niño que le muestre la tarjeta de la letra A cuando se le nombre, sin mostrársela. Si no desarrolla bien el ejercicio, dirija su mano para que tome la tarjeta correcta y explíquele cuál es la forma de la letra.
5. Siga todos los pasos anteriores para trabajar cada una de las cinco vocales.
6. Cuando el niño identifique las cinco vocales en tarjetas, colóquelas frente a él y pídale que las nombre conforme se las señala. Si se equivoca, corríjalo y pídale que lo haga de nuevo.
7. Revuelva las tarjetas y pida al niño que las ordene, empiece por la letra A. Cuando pueda ordenar, aunque sea las primeras tres letras en dos de tres oportunidades seguidas, se dará por finalizado este objetivo.

216

Observaciones

Continúe trabajando con el niño hasta que logre acomodar correctamente las cinco vocales a una edad mayor.

Objetivo 150

El niño percibirá la lectura de cinco palabras de dos sílabas, en dos de tres veces con cada palabra.

Material

Haga un cuadernillo con las cinco palabras: *mamá*, *papá*, *gato*, *pollo* y *casa*, escritas del lado izquierdo y su dibujo correspondiente del lado derecho.

Las palabras *mamá*, *papá*, *gato*, *pollo* y *casa* escritas en tarjetas de 7 × 15 cm.

Actividad y procedimiento

1. Muestre al niño cada palabra con su dibujo correspondiente.
2. Explique al niño lo que dice cada palabra que está observando, y enséñele la ilustración.

   a) Pídale que repita lo escrito mientras señala la ilustración, es decir, que lea la palabra mostrada y se apoye en la ilustración.
   b) Indíquele que pase su dedo índice sobre cada una de las letras al mismo tiempo que le lee la palabra que se esté trabajando.
   c) Repita varias veces los incisos anteriores para que el niño lea sin ayuda cada palabra mostrada.

3. Ahora, presente al niño únicamente las tarjetas con las palabras escritas sin ilustración al lado, y pregúntele qué dice cada una.

   a) Si el niño no responde correctamente a una pregunta, muéstrele el cuadernillo y coloque la tarjeta junto a la palabra escrita en dicho cuadernillo, y vuelva a preguntarle qué dice en la tarjeta.
   b) Cierre el cuadernillo, presente al niño sólo la tarjeta, y pídale que lea lo que dice.

4. Revuelva entre otras cuatro palabras la tarjeta con la palabra que se esté trabajando, y pídale que la busque. Si tiene problemas para identificarla, diríjale su mano hacia la tarjeta correspondiente.

   a) Realice varias veces el ejercicio hasta que el niño seleccione la tarjeta correcta.
   b) Siga todos los incisos mencionados con cada una de las palabras a enseñarle al niño.

5. Por último, enseñe las cinco tarjetas al niño y pídale que lea dos veces qué dice en cada una de ellas; el niño debe contestar correctamente en dos de tres ocasiones seguidas, con cada tarjeta.

Nivel 5

De 48 a 60 meses

CATEGORÍA: SOLUCIÓN DE PROBLEMAS

Subcategoría: Desarrollar la capacidad de análisis

Objetivo 151

El niño unirá las tres partes de una figura de hombre en un tiempo de 20 segundos, en tres de cuatro presentaciones seguidas.

Material

Láminas o rompecabezas de tres piezas de la figura de un hombre.

Actividad y procedimiento

1. Coloque frente al niño la lámina o el rompecabezas de tres piezas, y pídale que observe lo que usted hace: desarme la figura y luego ármela despacio. Ahora pídale que él haga lo mismo.

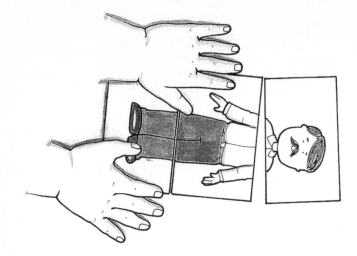

2. Si el niño no realiza correctamente el paso anterior, cómo se arma el rompecabezas o la lámina para formar la figura de un hombre, primero coloque dos piezas y dígale que termine de armarla; luego ponga una pieza y pídale que arme las dos piezas faltantes; y por último, él tendrá que poner las tres piezas.

3. Si el niño necesita todavía más ayuda, guíelo, tome su mano y realice todos los pasos anteriores. Después de repetir los pasos 2 y 3, retire poco a poco su ayuda.

4. Puede variar la actividad cambiando los rompecabezas o las láminas de la figura de un hombre. Sea constante para que el niño aprenda a unir las partes en tres de cuatro oportunidades seguidas.

Objetivo 152

El niño comparará tres dibujos para seleccionar uno de ellos con base en una característica (bonito, limpio, etc.), en tres de cuatro presentaciones seguidas.

Material

Diferentes dibujos de vivos colores, de aproximadamente 10 × 10 cm.

Actividad y procedimiento

1. Coloque frente al niño tres dibujos y pídale que los compare entre sí; muéstrele ilustraciones donde no le sea difícil contestar en forma correcta. Luego, pregúntele cuál es el más bonito, cuál es el más limpio, etcétera.

2. Sólo si el niño no contesta, enséñele de nuevo los tres dibujos, vuelva a preguntarle cuál es el más bonito, cuál es el más limpio, etc., y conteste; explíquele por qué es el bonito, por qué es el más limpio, etc. Repita varias veces este paso cambiando las figuras que le muestra al niño.
3. Ahora, vuelva a mostrar los dibujos al niño y pregúntele sobre una característica de ellos; él debe compararlos y responder correctamente a cada pregunta. Hágalo del mismo modo que en el paso 1.
4. Si el niño requiere más ayuda, tome su mano y guíelo a que señale el dibujo de cada respuesta correcta. Repita varias veces y después retire poco a poco la ayuda, hasta que el niño logre el objetivo.

 Objetivo 153

El niño identificará por su uso prendas de vestir en 10 segundos, en dos de tres veces seguidas por cada prenda.

Material

Prendas de vestir del niño, prendas de vestir del tamaño de un muñeco, un muñeco y un espejo.

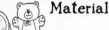

Actividad y procedimiento

1. Cuando se vista el niño o lo vista usted, dígale constantemente dónde se pone cada prenda de vestir, al menos cinco prendas; por ejemplo, los calcetines van en los pies, el sombrero en la cabeza, etc. Repita esto varias veces, aproveche cada cambio de ropa. Ahora, pregúntele dónde va o dónde se pone cada prenda; mencione al menos cinco de ellas. Si el niño responde correctamente, muéstrele su agrado besándolo, hablándole cariñosamente, etcétera.

222

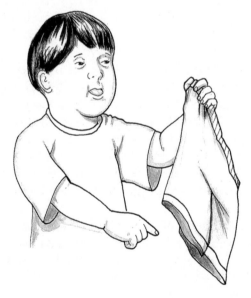

2. Si el niño no realiza el paso anterior, quítele y póngale otra vez la ropa, y repítale dónde va cada prenda. Vuelva a preguntarle dónde se ponen o dónde van las prendas, pero conteste usted primero y haga que el niño repita después de usted. Practique varias veces este mismo paso y retire poco a poco la ayuda, hasta que el niño identifique la ropa por su uso.

3. Sea constante para que el niño aprenda a identificar las prendas por su uso. Varíe la actividad, vistiendo y desvistiendo, no sólo al niño sino también al muñeco.

Objetivo 154

,El niño, con los ojos tapados, seleccionará al menos uno de cinco objetos, al tocarlos, en tres de cuatro presentaciones seguidas.

Material

Juguetes u objetos conocidos del niño, y una caja o una mascada.

Actividad y procedimiento

1. Juegue con el niño con los juguetes y permita que los vea uno por uno y, sobre todo, que los toque. Luego, tápele los ojos o meta los juguetes en la caja, y pídale que le dé uno de ellos con sólo tocarlos. Por ejemplo, de entre una pelota, un perrito, un cubo, una muñeca y un carrito, pídale la pelota.

223

2. Si el niño no logra hacerlo con los ojos tapados, proporciónele uno de los juguetes, dígale de cuál se trata y haga que lo toque. Realice lo mismo por lo menos con los cinco juguetes.
3. Ahora, déle dos juguetes muy diferentes entre sí, como una pelota y un cubo, y pregúntele por uno de ellos.
4. Después de repetir varias veces el paso anterior, aumente poco a poco el número de juguetes hasta llegar a cinco. Si aún el niño necesita ayuda, déle pistas del juguete por el que se le pregunta; por ejemplo, dígale el perro suave, el cubo duro, etcétera.
5. Sea constante para que el niño logre identificar y seleccionar objetos con el tacto en tres de cuatro presentaciones seguidas.

Objetivo 155

El niño doblará un papel en tres partes en dos de tres ocasiones seguidas.

224

Material

Papeles de diferentes colores, y plumones.

Actividad y procedimiento

1. Primero muestre al niño cómo puede doblar un papel en tres partes. Realice el movimiento lentamente y descríbale lo que está haciendo; por ejemplo, dígale "Mira. Así puedes doblar un papel en tres." Pídale entonces que haga lo mismo que usted.
2. Si el niño no puede realizar el paso anterior, vuelva a mostrarle la manera de doblar el papel, desdóblelo, déselo y dígale que lo doble siguiendo las marcas que se ven en el papel. Preste varias veces la ayuda, y después retírela poco a poco, de la siguiente forma: primero haga dos dobleces y deje que el niño efectúe el último; luego déle el papel con un solo doblez y permita que él haga los otros dos; y por último, el niño debe realizar los tres dobleces.

3. Sólo en caso de que el niño requiera aún de más ayuda, tome sus manos y realicen juntos los pasos de la actividad anterior. Después de practicar varias veces, reduzca la ayuda poco a poco.
4. Sea constante para que el niño aprenda a doblar el papel en tres partes en dos de tres veces seguidas.

Objetivo 156

El niño doblará un papel en diagonal en dos de tres presentaciones seguidas.

Material

Papeles de colores, y plumones.

Actividad y procedimiento

1. Coloque el papel enfrente del niño, dóblelo en diagonal lo más despacio posible, pídale que observe cuidadosamente lo que

usted hace, mientras se lo describe; dígale, por ejemplo: "Así, sosteniendo el papel por las esquinas y juntando éstas, queda doblado. Mira." Después pídale que haga lo mismo que usted.

2. Si el niño no realiza correctamente la actividad, doble nuevamente el papel en diagonal, desdóblelo, déselo y pídale que lo doble tomando como guía la marca en el papel; puede ayudar aún más al niño si marca con el plumón tal marca. Repita varias veces este paso con el niño y disminuya poco a poco la ayuda.
3. Si el niño requiere aún más ayuda, tome sus manos y guíelo a que doble el papel en diagonal, varias veces. Retire en forma gradual la ayuda.
4. Sea constante para que el niño aprenda a doblar el papel en diagonal, en dos de tres oportunidades seguidas.

CATEGORÍA: DISCRIMINACIÓN

Subcategoría: Personas

Objetivo 157

El niño identificará entre 15 tarjetas, ocho con personas en un minuto en dos de tres presentaciones seguidas.

Material

15 tarjetas diferentes, al menos ocho con personas.

Actividad y procedimiento

1. Ponga frente al niño las 15 tarjetas y pídale que escoja o señale las que muestran personas.
2. Si el niño no identifica a las ocho personas, ayúdelo en la siguiente forma: primero muéstrele sólo cinco ilustraciones, de las cuales tres sean personas, y pídale que señale éstas; luego, aumente poco a poco el número de tarjetas, hasta llegar a 15.
3. Si el niño necesita aún más ayuda, preséntele sólo dos ilustraciones: una con una persona y otra diferente, y pídale que señale la que tiene a una persona; repita varias veces esto cambiando las tarjetas. Sólo en caso necesario, ayude al niño guiándolo a que señale en dónde está una persona. Aumente de una en una las tarjetas hasta llegar a las 15. Reduzcan en forma progresiva la ayuda hasta que el niño identifique las que tienen personas.

4. Sea constante para que el niño logre el objetivo. Pida al niño que realice la actividad lo más rápido posible hasta hacerla en un minuto.

Objetivo 158

El niño identificará varios objetos o ilustraciones por su uso, al actuar o decir para qué se emplean, en dos de tres veces seguidas.

Material

Ilustraciones de los objetos (por lo menos 10), que el niño debe identificar por su uso.

Actividad y procedimiento

1. Enseñe al niño las ilustraciones de los objetos y pregúntele para qué se usan. Tome como contestación correcta si el niño le dice para qué se usan o se lo actúa; por ejemplo, con la estufa, el niño puede decirle que se usa para cocinar, o puede actuar que está cocinando. Si el niño contesta correctamente, por lo menos a ocho, felicítelo, acarícielo, háblele cariñosamente, etcétera.

2. Si el niño no contesta, juegue con él a la comidita, en donde aprenderá para qué se usa la estufa, la mesa, la cuchara, el vaso, la silla, etc. Varíe la actividad jugando con el niño y los objetos que debe aprender a identificar por su uso.
3. Después de enseñarle al niño para qué se usa cada objeto por medio de juegos, retire poco a poco la ayuda hasta que el niño realice la actividad por sí solo. Entonces, vuelva a preguntarle por ellos, y si le contesta bien a ocho preguntas, habrá cumplido con el objetivo.

Objetivo 159

El niño identificará qué objeto falta en un conjunto de cinco objetos, cuando uno de ellos es retirado, en tres de cuatro ocasiones seguidas.

Material

Juguetes u objetos de diferentes colores, tamaños y texturas.

Actividad y procedimiento

1. Presente al niño una serie de cinco objetos o juguetes a la vez, comience con los que a él más le gustan, y haga que repita el nombre de cada uno. Ahora, ante su presencia, retire uno de ellos y pregúntele cuál falta.
2. Si el niño no realiza lo que se le pide, enséñele sólo dos juguetes y ante su presencia quite uno de ellos, después muéstrele tres y retire uno, y así sucesivamente hasta llegar a cinco juguetes.
3. Sólo si el niño necesita más ayuda, désela. Cada vez que le pregunte qué juguete falta, conteste primero y pídale que repita después de usted. Preste varias veces la ayuda conforme vaya aumentando el número de juguetes, y luego redúzcala poco a poco.

4. Sea constante para que el niño conteste correctamente a la pregunta en tres de cuatro veces seguidas.

Objetivo 160

El niño nombrará la denominación correcta de cinco monedas, en dos de tres presentaciones en conjunto.

Material

Cinco monedas de diferente denominación: 50 ¢, $1, $2, $5 y $10.

Actividad y procedimiento

1. Antes de enseñarle al niño a nombrar las monedas, es necesario que él las reconozca una por una con sólo escuchar su deno-

minación; por ejemplo, cuando él escuche cincuenta centavos, debe señalar la moneda de cincuenta centavos.

2. Ponga frente al niño cada una de las monedas, comience con la de cincuenta centavos, dígale su denominación y pídale que la repita.

3. Después, muéstrele cada una de las monedas, empiece por la de cincuenta centavos, y pregúntele: "¿Cuánto cuesta?" o "¿Cuál es su valor?"

231

4. Si el niño se equivoca o lo hace incorrectamente, dígale la denominación de cada moneda, y pídale que repita después de usted; practique varias veces esto. Luego, pregúntele por la denominación de cada moneda, pero conteste primero y enseguida repita la respuesta junto con el niño; también repase varias veces. Por último, vuelva a hacer las preguntas, pero ahora dígale sólo la primera sílaba de cada respuesta correcta, para que él la complete.

5. Ahora, pregunte al niño por la denominación de las cinco monedas a lo cual debe responder bien, en dos de tres ocasiones seguidas.

Objetivo 161

El niño seleccionará dibujos con base en una característica física (gordo, flaco, alto, bajo, etc.), en dos de tres presentaciones seguidas.

Material

Tarjetas con diferentes dibujos que el niño pueda identificar por una característica física (al menos 10).

Actividad y procedimiento

1. Coloque frente al niño las tarjetas con los dibujos, y pregúntele por cada una de ellos con base en una característica física; por ejemplo, pregúntele cuál es el gordo o cuál es el flaco.

2. Si el niño no responde correctamente, muéstrele los dibujos uno por uno, y explíquele cuál es la característica física que los identifica. Trabaje varias veces con cada dibujo, hasta que el niño identifique cada una de las características. Retire poco a poco su ayuda.
3. Ahora, muéstrele al niño 10 tarjetas y pregúntele por la característica física de cada uno de los dibujos.

4. Sea constante para que el niño aprenda a identificar los dibujos de las tarjetas por sus características físicas, en dos de tres oportunidades seguidas.

Subcategoría: Alimentos

Objetivo 162

El niño identificará ocho tarjetas con alimentos, entre 15, en un minuto, en dos de tres veces seguidas.

Material

15 tarjetas: ocho con alimentos, y siete diferentes con figuras, animales, juguetes, etc.; y cinta adhesiva de color.

Actividad y procedimiento

233

1. Coloque frente al niño dos tarjetas de alimentos y tres diferentes, y pregúntele cuáles son alimentos.

2. Aumente poco a poco el número de las tarjetas hasta llegar a 15, sólo si el niño puede realizar el paso anterior.
3. Si el niño no es capaz de realizar el paso 1, o se equivoca, muéstrele una por una las tarjetas con alimentos y explíquele de qué alimento se trata, si es guisado, fruta, verdura, etcétera.
4. Si el niño necesita más ayuda para identificar los alimentos, pegue un pedazo de la cinta adhesiva a las tarjetas de alimentos, junte éstas con las demás tarjetas y vuelva a realizar los pasos 1 y 2. Repita varias veces este paso y después retire poco a poco la ayuda.
5. Sea constante para que el niño pueda realizar la conducta que se le pide en el objetivo.

Subcategoría: Animales

Objetivo 163

El niño identificará entre 15 tarjetas, ocho con animales, en un minuto, en dos de tres presentaciones seguidas.

234

Material

15 tarjetas: ocho con animales, y siete con figuras diferentes, como alimentos, objetos, personas, figuras geométricas, etc.; y cinta adhesiva de color.

Actividad y procedimiento

1. Ponga frente al niño cinco de las tarjetas, dos de las cuales con animales, y pregúntele cuáles muestran animales.
2. Si el niño realiza el paso anterior, aumente una por una las tarjetas, y pregúntele en cada ocasión cuál tiene un animal.
3. Si el niño no realiza los pasos anteriores, o se equivoca, muéstrele una por una las ocho tarjetas de animales, dígale cómo se llaman, y explíquele algo sobre cada uno de ellos. Trabaje varias veces de esta manera.
4. Ahora, enséñele dos tarjetas de animales y sólo una tarjeta dife-

rente, y hágale la pregunta. Si el niño identifica las de animales, aumente poco a poco las tarjetas hasta llegar a 15.

5. Si el niño requiere aún más ayuda para la identificación, coloque a cada tarjeta de animal un pedazo de cinta adhesiva del mismo color y preséntelas así al niño. Repita varias veces este paso, y después disminuya la ayuda hasta que el niño realice la actividad por sí solo.
6. Cuando el niño identifique las tarjetas con animales, pídale que poco a poco lo haga más rápido hasta lograrlo en un minuto, en dos de tres presentaciones seguidas.

Subcategoría: Lugares

Objetivo 164

El niño responderá a la pregunta "¿dónde vives?", o a una pregunta sencilla equivalente a cómo llegar a un lugar conocido, en un lapso de 15 segundos, en tres de cuatro oportunidades.

Material

Tarjetas con ilustraciones de los lugares cercanos a la casa del niño, como una tienda, un parque, una escuela, etcétera.

235

Actividad y procedimiento

1. Inicie la actividad llevando al niño a un lugar cercano a la casa, como por ejemplo, un parque. Llévelo diario durante una semana, siempre por el mismo camino. Pregúntele cómo llegar a la casa. Si el niño contesta con sus propias palabras y describe el camino como "el camino de los árboles", "donde está el perro grande", muéstrele su agrado. Recuerde que esto es muy importante en este objetivo.
2. Varíe la actividad haciéndole al niño diferentes preguntas sobre cómo llegar a algún lugar que el niño frecuente.
3. Si el niño no puede contestar, ayúdelo a recordar lo que ve cuando recorre el camino por el cual le está preguntando, enseñándole las tarjetas de la escuela por la que pasan, la tienda, etc., estimulándolo a contestar cada vez con el mayor número de detalles.
4. Practique varias veces este paso y luego retire poco a poco la ayuda.

5. Sólo en caso de que el niño necesite más ayuda, puede darle la respuesta correcta, o sólo pronunciar la primera sílaba de los lugares para que complete la palabra. Después de varias veces, retire la ayuda.

Subcategoría: Acciones

Objetivo 165

El niño dirá un cuento al mostrarle una secuencia de tres a cinco dibujos, en dos de tres presentaciones seguidas.

Material

Tarjetas de secuencias formadas por tres a cinco dibujos cada una.

Actividad y procedimiento

1. Muestre al niño una secuencia mediante juegos. Ahora, platíquele un cuento sobre ella, al mismo tiempo que coloca frente a él una tarjeta en el orden correspondiente. Practique varias veces con una misma secuencia.

2. Déle la secuencia al niño y pídale que haga lo mismo que usted; permita que el niño narre el cuento mezclando sus propias palabras y algunas de las que usted dijo. No olvide que si el niño realiza la actividad, debe felicitarlo con caricias, estimularlo, etcétera.

3. Si el niño no realiza el paso anterior, o se equivoca, repita la secuencia en orden acompañada de la narración. Vuelva a pedirle que narre el cuento; si se equivoca, repita sólo una frase para

corregir la secuencia del relato que está haciendo el niño, y dígale sólo alguna sílaba para que el niño complete la palabra. Disminuya en forma gradual la ayuda.

4. Sea constante para que el niño aprenda a narrar un cuento al mostrarle una secuencia de dibujos, en dos de tres oportunidades seguidas.

Objetivo 166

El niño simulará la acción de leer, en un tiempo de 10 segundos, en tres de cuatro presentaciones seguidas.

Material

Libros de cuentos, revistas y periódicos.

Actividad y procedimiento

238

1. Primero juegue con el niño, y cuando haya captado su atención, muéstrele cómo puede simular que está leyendo. Emplee sólo un cuento, una revista o un periódico a la vez, y comience con el que le guste al niño. Pídale entonces que trate de hacer lo mismo que usted.

2. Si el niño no simula la acción de leer, guíelo para que haga los movimientos necesarios. Preste la ayuda varias veces y después disminúyala en forma gradual.

3. Una vez que el niño haga lo que se le pide, estimúlelo para que trabaje más rápido en cada ocasión, hasta hacerlo en 10 segundos en tres de cuatro veces seguidas.

Objetivo 167

El niño simulará la acción de escribir, en un lapso de 10 segundos, en tres de cuatro peticiones seguidas.

Material

Lápices de colores y hojas.

Actividad y procedimiento

239

1. Enseñe al niño cómo puede simular la acción de escribir, con un lápiz y una hoja. Realice el movimiento lo más despacio posible, al mismo tiempo que le describe lo que está haciendo, dígale, a manera de juego: "Mira. Así es como se escribe." No importa que el niño realmente no escriba ninguna letra, pues sólo debe simular escribir.

2. Si el niño no imita lo que se le pide, ayúdelo con los movimientos necesarios para simular la acción de escribir. Repita varias veces este paso y luego reduzca de manera progresiva la ayuda.
3. Cuando el niño ya realice la actividad, dígale que lo haga más rápido en cada ocasión, hasta realizarla en 10 segundos, en tres de cuatro peticiones seguidas.

Subcategoría: Lotería

Objetivo 168

El niño seleccionará de cinco a nueve tarjetas, cuando escuche su nombre, en un tiempo de 10 segundos, en dos de tres oportunidades seguidas para cada una.

Material

Nueve tarjetas de lotería.

Actividad y procedimiento

1. Muestre sólo cinco tarjetas al niño, una por una. Enseñe una tarjeta, dígale su nombre y pídale que lo repita; permita que el niño la observe antes de mostrarle otra tarjeta. Trabaje del mismo modo con cada una de las tarjetas. Después, colóquelas en hilera frente al niño y pregúntele dónde está alguna de ellas, como el nopal. Si el niño selecciona la tarjeta adecuada, se la da o la señala, habrá cumplido con el objetivo.
2. Si el niño se equivoca o no hace lo que se le pide, ayúdelo. Primero, muéstrele sólo dos tarjetas y repita varias veces con él cómo se llama cada una. Después, colóquelas frente a él y pregúntele por una de ellas; enseguida cámbielas de lugar y pregúntele por la otra. Si aún necesita más ayuda, guíelo para que le señale o le dé la tarjeta indicada. Repita las veces que sean necesarias para que el niño aprenda a identificar cada tarjeta por su nombre. Agregue las tarjetas, una por una, mediante el mismo procedimiento.

3. Una vez que el niño identifique las nueve tarjetas con ayuda, disminuya ésta poco a poco hasta que realice la actividad por sí solo. Sea constante para que el niño identifique las tarjetas al verlas y escuchar su nombre.

4. Ahora, coloque frente al niño las nueve tarjetas y pregúntele por alguna de ellas, enseguida cámbielas de posición y pregúntele por otra, y así sucesivamente hasta preguntar por todas; no olvide cambiarlas de posición cada vez. Si el niño lo hace en un tiempo de 10 segundos en dos de tres veces seguidas para cada una, habrá logrado el objetivo.

CATEGORÍA: PREACADÉMICAS

Subcategoría: Rompecabezas y formación de tableros

Objetivo 169

El niño armará un rompecabezas de ocho a 10 piezas, después de la demostración, en tres de cuatro veces seguidas.

Material

Rompecabezas de ocho a 10 piezas.

Actividad y procedimiento

1. Trabaje primero con el rompecabezas que más le guste al niño, mostrándole cómo armarlo, por lo menos dos veces seguidas. Háblele y descríbale lo que está haciendo; por ejemplo, dígale: "Mira. Así, colocando está pieza, queda armada la figura." Ahora pídale que haga lo mismo que usted.

2. Si el niño se equivoca, ayúdelo. Primero enséñele a armar el rompecabezas, menos dos piezas, y pídale que termine de armarlo; luego vuelva a mostrarle cómo armarlo, excepto tres piezas, y pídale otra vez que termine de armarlo; de esta manera, vaya aumentando el número de piezas que el niño debe colocar, después de una demostración, hasta llegar a nueve piezas.

3. Sólo si es necesario, guíe al niño para que realice el paso anterior, tome suavemente su mano y llévelo a que haga el movimiento de colocar las piezas en su lugar. Después de ayudarlo varias veces, reduzca la ayuda poco a poco.

4. Sea constante para que el niño aprenda a colocar las nueve piezas en su lugar, en tres de cuatro ocasiones seguidas, después de la demostración.

Subcategoría: Adquisición del concepto de número

Objetivo 170

El niño igualará un conjunto de objetos (de cinco a 10), en dos de tres oportunidades seguidas.

Material

Juguetes u objetos llamativos.

Actividad y procedimiento

243

1. Presente al niño sólo cinco juguetes u objetos y juegue con él con ellos. Cuando él se muestre interesado en ellos, forme ante su presencia un conjunto, déle juguetes u objetos iguales, y pídale que forme su conjunto.

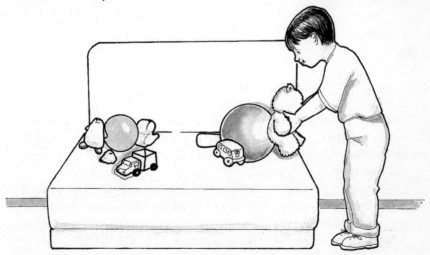

2. Si el niño logra hacer el paso anterior, aumente poco a poco el número de juguetes hasta llegar a 10.

3. Si el niño se equivoca o no puede realizar el primer paso, disminuya el número de objetos que debe igualar. Inicie con sólo dos, y muéstrele cómo puede igualar este conjunto al colocar dos. Repita esto varias veces, y una vez que el niño iguale el conjunto de dos juguetes, aumente de uno en uno el número de juguetes hasta llegar a 10. Proporcione el número exacto de objetos para igualar los conjuntos.

4. Sólo en caso de que el niño necesite más ayuda, tome su mano y guíesela para que efectúe los movimientos de igualar el número de objetos mostrados. Preste la ayuda varias veces y después retírela hasta cumplir el objetivo.

Subcategoría: Preescritura

Objetivo 171

El niño sostendrá el papel con una mano y escribirá con la otra, en tres de cuatro oportunidades seguidas.

Material

Hojas y lápices.

Actividad y procedimiento

1. Enseñe al niño cómo puede sostener el papel con una mano, al mismo tiempo que escribe con la otra. Realice el movimiento lentamente, cuide que el niño lo observe. Luego, pídale que haga lo mismo que usted.

2. Si el niño no realiza correctamente el paso anterior, vuelva a mostrarle cómo colocar la mano, encime su mano sobre la de él y póngasela en la posición correcta. Hecho esto, retire la ayuda; de este modo, el niño tendrá la mano en el lugar indicado.

3. En caso de que el niño necesite más ayuda, sosténgale la mano mientras escribe. Practiquen varias veces y después suspenda la ayuda.

4. Cuando el niño sostenga el papel mientras escribe, pídale que lo haga en tres de cuatro veces seguidas.

Objetivo 172

El niño dibujará tres círculos en un tiempo de 10 segundos, en dos de tres peticiones seguidas.

Material

Hojas y lápices.

Actividad y procedimiento

1. Coloque frente al niño una hoja y un lápiz; muéstrele lo más despacio posible, cómo trazar un círculo y pídale enseguida que dibuje un círculo igual al de usted.

2. Si el niño no desarrolla la actividad, dibuje un círculo en línea punteada, y pídale que una los puntos para formarlo. Después de prestar varias veces la ayuda, retírela poco a poco espaciando cada vez más los puntos, hasta que el niño haga un círculo por sí solo cuando se le pida, sin una demostración.

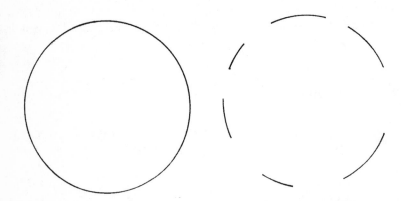

3. Sólo en caso necesario, coloque su mano sobre la del niño y guíelo para que realice el paso anterior. Practiquen varias veces y después disminuya la ayuda hasta que el niño logre el objetivo.

Objetivo 173

El niño copiará una letra (*c, t, v, m*) en un lapso de 10 segundos después de la demostración, en dos de tres ocasiones seguidas.

Material

Hojas y lápices.

Actividad y procedimiento

1. Coloque frente al niño una hoja y un lápiz, y enséñele cómo se traza una de las letras (la *c*, por ejemplo), con un movimiento lento y cuidando que el niño lo observe; explíquele lo que hace. Luego, pídale que haga lo mismo que usted. Si el niño presenta la conducta deseada, no olvide estimularlo. Una vez que el niño pueda escribir bien la primera letra (la *c*), trabaje del mismo modo con el resto de las letras.

2. Si el niño se equivoca o no realiza lo que se le pide, dibuje una letra *c* en línea punteada y pídale que la trace varias veces. Reduzca la ayuda en forma progresiva, deje cada vez más espacio entre los puntos hasta que el niño haga la letra después de una demostración. Siga los mismos pasos con cada una de las letras.
3. Sólo que el niño lo necesite, ponga su mano sobre la de él y diríjalo para que realice el paso anterior. Repita esto varias veces, y después retire en forma progresiva la ayuda hasta que el niño alcance el objetivo.

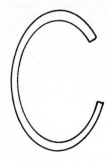 

Objetivo 174

El niño dibujará un hombre, de al menos dos partes, en dos de tres veces seguidas.

Material

Lápiz, colores y hojas.

Actividad y procedimiento

1. Siéntese a un lado del niño y muéstrele cómo se dibuja un hombre. Realice el dibujo con trazos sencillos y aproximadamente de un tamaño de 10 cm. Al dibujarlo, hágalo lentamente mientras el niño lo observa.

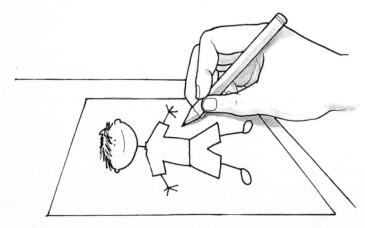

2. Pida al niño que dibuje un hombre parecido al de usted y que esté formado de al menos dos partes.

3. Si el niño no cumple con la actividad, trace el dibujo y pídale que haga el trazo sobre el dibujo que usted hizo.

4. Ahora, presente al niño el dibujo de un hombre en líneas punteadas, y pídale que una los puntos para formar el dibujo. Después de repetir varias veces este paso, retire poco a poco la ayuda, haciendo que los puntos estén cada vez más retirados entre sí hasta que el niño por sí solo dibuje a un hombre.

249

5. Sólo en caso necesario, ayude aún más al niño. Tome suavemente la mano del niño y guíelo en los movimientos necesarios para dibujar a un hombre mediante el paso 3 o 4. Quite la ayuda de manera gradual hasta que el niño dibuje un hombre formado de al menos dos partes.

Objetivo 175

El niño copiará una casa de trazos sencillos en un lapso de tiempo de 10 segundos después de la demostración, en dos de tres oportunidades.

Material

Lápices, colores y hojas.

Actividad y procedimiento

1. Siéntese a un lado del niño y muéstrele la manera en la que se dibuja una casa de trazos sencillos. Realice el movimiento lentamente y cuide que el niño observe lo que usted hace. Para captar su atención hable y describa lo que hace. También puede emplear los colores.
2. Pídale al niño que dibuje una casa como la de usted, dejándolo enfrente del dibujo para que lo copie. Si logra hacerlo, muéstrele su agrado.

3. Si el niño no logra hacer la actividad, ayúdelo. Dibuje nuevamente la casa y pídale al niño que la dibuje, pero en esta ocasión trazando una línea sobre la que usted ya hizo.
4. Presente nuevamente el dibujo de la casa, pero ahora en líneas punteadas. Ahora, pídale al niño que trace una línea que las una. Repita varias veces este ejercicio y retire poco a poco esta ayuda, dibujando las líneas punteadas cada vez más separadas, hasta lograr que el niño dibuje la casa sin ayuda.
5. Sólo en caso necesario ayude aún más al niño, tome suavemente su mano y guíelo en los movimientos para dibujar una casa, realizando nuevamente los pasos 3 y 4, retirando también paulatinamente esta ayuda.

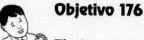

Objetivo 176

El niño copiará una estrella en 15 segundos después de la demostración, en dos de tres oportunidades seguidas.

Material

Hojas y lápices.

Actividad y procedimiento

1. Siéntese a un lado del niño y muéstrele cómo hacer una estrella. Realice el trazo lo más lentamente posible, cuide que él lo observe. Luego, pídale que haga lo mismo.

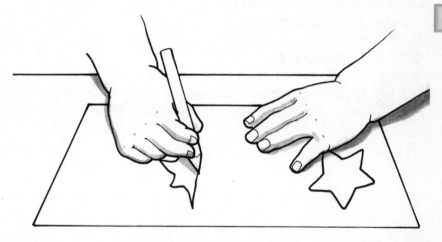

2. Si el niño no hace la actividad, o se equivoca, dígale que trace una estrella sobre la que usted hizo. Después, bosqueje una estrella en una línea punteada, y pídale que la dibuje varias veces. Retire la ayuda poco a poco, espaciando cada vez más los puntos. Recuerde que el niño debe hacer este ejercicio después de una demostración.

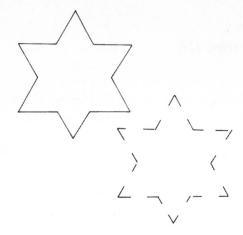

3. Sólo en caso necesario, tome la mano del niño y guíelo para que realice el paso anterior. No olvide retirar la ayuda después de varias veces.

4. Sea constante para que el niño aprenda a dibujar la estrella después de una demostración, en dos de tres ocasiones seguidas.

Subcategoría: Adquisición del concepto espacio temporal

Objetivo 177

El niño identificará en dibujos, cuándo es de día y cuándo es de noche, en dos de tres presentaciones seguidas.

Material

Dibujos donde se noten los dos fenómenos del día y la noche.

Actividad y procedimiento

1. Coloque frente al niño los dibujos del día, y explíquele qué pasa durante el día; por ejemplo, muéstrele el sol en el dibujo y por

la ventana del cuarto y dígale que por eso es de día. Preséntele los dibujos y continuamente explíquele sobre cada uno.

2. Pregunte al niño si es de día o no, al mostrarle un dibujo. Si contesta correctamente, muéstrele su agrado, hablándole cariñosamente, felicitándolo, acariciándolo, etcétera.

3. Siga los mismos pasos con los dibujos de la noche.

4. Ahora, muéstrele ambos dibujos al niño, y pregúntele cuándo es de día y cuándo es de noche en cada uno de los dibujos.

5. Sólo en caso de que el niño no conteste adecuadamente, muéstrele nuevamente las ilustraciones y explíquele cuándo es de día y cuándo es de noche. Pregúntele por cada fenómeno, pero conteste primero y pídale que repita la respuesta varias veces junto con usted. Practique este ejercicio y después quite su ayuda poco a poco en la siguiente forma: al preguntarle al niño, pronuncie sólo la primera sílaba de la respuesta correcta para que el niño la complete; y luego, sólo pregunte al niño, pero sin darle la respuesta.

6. Otra forma de ayudar al niño es colocándole un pedazo de cinta adhesiva de un color a los dibujos del día y otro de otro color a los de la noche. De esta manera, podrá identificarlos más fácilmente. Repita varias veces la actividad y después retire esta ayuda.

7. Varíe la actividad aprovechando el día y la noche naturales, y señale la diferencia entre uno y otro.

8. Sea constante para que el niño aprenda a identificar en dibujos el día y la noche, en dos de tres veces seguidas.

Objetivo 178

El niño identificará en dibujos cuándo tienen lugar los acontecimientos del día (desayuno, comida y cena), en dos de tres presentaciones seguidas.

Material

Dibujos de cada uno de los acontecimientos del día: desayuno, comida y cena; cintas adhesivas de tres colores distintos, juguetes y muñecas.

Actividad y procedimiento

1. Ponga frente al niño las tarjetas con los dibujos. Muéstrele primero la del desayuno y explíquele en qué momento tiene lugar ese acontecimiento. Después haga lo mismo con la de la comida y la de la cena, pregúntele entonces por cada acontecimiento, al mismo tiempo que le muestra los dibujos.

2. Si el niño se equivoca, o no realiza la actividad, vuelva a cada una de las ilustraciones y explíquele cuándo ocurren los acontecimientos del día. Ahora, pregúntele por cada uno de ellos, pero con la diferencia de que usted dirá la respuesta correcta y le pedirá que repita con usted. Practique varias veces, y después retire poco a poco esta ayuda. Vuelva a preguntar, y al contes-

tar, sólo pronuncie la primera sílaba de la respuesta para que el niño complete la palabra. Trabaje del mismo modo hasta que el niño responda sin su ayuda.

3. Sólo en caso de que el niño necesite más apoyo, repita el paso anterior y coloque un pedazo de cinta adhesiva de un color a la tarjeta del desayuno, otro de otro color a la de la comida y otro más a la de la cena. Después de trabajar así varias veces, disminuya en forma gradual la ayuda.

4. Varíe la actividad jugando con el niño a desayunar, a comer y a cenar; también puede invitar a otros niños, o pedirle que juegue a que él le da de desayunar, comer o cenar a sus muñecos.

5. Sea constante para que el niño realice la conducta que se le pide en el objetivo.

Objetivo 179

El niño identificará en dibujos dos estaciones del año (primavera e invierno), en dos de tres ocasiones seguidas.

255

Material

Un muñeco, ropa de muñeco que vaya de acuerdo con las estaciones de primavera e invierno, dibujos de cada estación y dos cintas adhesivas de colores diferentes.

Actividad y procedimiento

1. Juegue con el niño a ponerle la ropa de primavera al muñeco, mientras le explica las características de esta estación, dígale, por ejemplo, que hace mucho calor, que se debe emplear ropa ligera para vestirse, etc. Practique varias veces este ejercicio, y luego haga lo mismo con la ropa de invierno. Pregúntele al niño cuándo usar cada una de las ropas.

2. Cuando el niño realice correctamente el paso anterior, muéstrele las ilustraciones de cada estación, primavera e invierno, y explíquele lo que ocurre en cada una de éstas. Repita esto varias veces, cambiando los dibujos. Pregúntele entonces por cada una

de ellas, al mismo tiempo que se las enseña. Recuerde mostrarle su agrado al niño por realizar lo que le pide.

3. Si el niño se equivoca o no realiza la actividad anterior, enséñele cada dibujo, pregúntele qué estación es, conteste correctamente y pídale que repita con usted. Después de dar la ayuda varias veces, disminúyala de la siguiente manera, cuando conteste sólo pronuncie la primera sílaba de la respuesta para que el niño la complete. Cuando el niño conteste sin esta ayuda en una de las estaciones, siga los mismos pasos con la otra estación.

4. Si quiere ayudar al niño aún más, coloque a las ilustraciones de la primavera la cinta adhesiva de un color y a las de invierno la de otro diferente. Después de repetir varias veces la actividad con esta ayuda, retírela poco a poco, permita que el niño realice la actividad por sí solo.

5. Sea constante para que el niño aprenda a identificar en dibujos las estaciones de la primavera y del invierno, en dos de tres presentaciones seguidas.

Objetivo 180

El niño seleccionará los dibujos (5 de 10) donde es de día y donde es de noche, en dos de tres ocasiones seguidas.

Material

Tarjetas con ilustraciones de actividades de día y de noche, y dos cintas adhesivas de colores diferentes.

256

Actividad y procedimiento

1. Coloque frente al niño cinco tarjetas: tres de día y dos de noche, y pregúntele al niño por cada una de ellas; cámbielas de lugar en cada ocasión.

2. Si el niño se equivoca, preséntele sólo dos de las tarjetas y pregúntele dónde es de día y dónde de noche. Si contesta correctamente, aumente el número de tarjetas, una en cada ocasión hasta llegar a 10.
3. Si necesita ayudar más al niño, repita los pasos anteriores, pero además pegue un pedazo de cinta adhesiva de un color a las tarjetas de día y de otro color a las tarjetas de noche. Después de realizar el ejercicio con esta ayuda, retírela poco a poco.
4. Sólo en caso necesario, ayude al niño tomando suavemente su mano para seleccionar las tarjetas de día y las de noche. Recuerde disminuir en forma progresiva la ayuda.
5. Sea constante y cambie las tarjetas de lugar cada vez para cumplir el objetivo.

Objetivo 181

El niño seleccionará, entre seis tarjetas, cinco con los acontecimientos del día (desayuno, comida y cena), en un tiempo de 10 segundos, en dos de tres veces seguidas para cada una.

Material

12 tarjetas: seis con los acontecimientos del día para usted, y seis iguales para el niño.

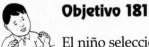

Actividad y procedimiento

1. Ponga frente al niño sólo tres de las tarjetas y pregúntele cuál muestra el desayuno, cuál la comida y cuál la cena; cambie el orden de las tarjetas en cada ocasión.

2. Si el niño realiza el paso anterior, aumente de una en una las tarjetas, y repita el paso anterior.
3. Si el niño no realiza los pasos anteriores, coloque frente a él sólo una tarjeta, explíquele qué muestra y haga repetir al niño de qué acontecimiento se trata. Ahora enséñele usted la otra tarje-

ta igual, y dígale que son iguales y que las dos son del mismo acontecimiento. Haga lo mismo con las demás tarjetas hasta que el niño se las aprenda.

4. Cuando el niño identifique las tarjetas, una por una, muéstrele sólo tres y pregúntele sobre alguno de los acontecimientos del día. Cámbielas de posición en cada ocasión.

5. Si el niño necesita más ayuda antes de aumentar el número de tarjetas, désela en la siguiente forma: pregúntele sobre alguno de los acontecimientos, responda correctamente y haga que el niño repita después de usted. Después de repetir varias veces, pregúntele nuevamente y sólo pronuncie la primera sílaba de la respuesta correcta. Por último, sólo haga la pregunta.

6. Cuando el niño seleccione cinco de seis tarjetas de los acontecimientos del día, el objetivo se dará por terminado.

Objetivo 182

El niño acomodará correctamente tres letras de las cinco vocales de fin a principio, en dos de tres peticiones seguidas.

259

Material

Tarjetas con las cinco vocales (dos juegos).

Actividad y procedimiento

1. Es importante que antes de enseñar este objetivo, el niño pueda ordenar las tres primeras vocales, tal y como se hizo en un objetivo de un rango anterior.

2. Primero cante con el niño la canción *La marcha de las vocales* de Cri-Cri; repítala varias veces hasta que el niño se la aprenda. Sea paciente y no presione al niño, recuerde que este paso es a manera de juego.

3. Coloque frente a él las cinco vocales en orden y pídale que haga lo mismo. Si el niño realiza la actividad, felicítelo con caricias, besos, apapachos, etcétera.

4. Ahora enséñele a acomodarlas de fin a principio, al menos las tres primeras vocales: *a*, *e*, *i*. Coloque frente a él las tarjetas en orden, pídale que haga lo mismo con las suyas, retire la *i* y pregúntele cuál falta.

5. Retire de una en una las otras tarjetas y hágale la pregunta correspondiente. Cuando el niño conteste correctamente a cada pregunta, retire las tarjetas que colocó frente a él, y pídale que coloque las suyas, de fin a principio.

260

6. Si el niño se equivoca, repita los pasos 4 y 5, y además dígale el orden de las letras de fin a principio, es decir, pídale que coloque la *i*, después la *e* y por último la *a*. Preste la ayuda las veces que sean necesarias hasta que el niño aprenda. Disminuya la ayuda en forma gradual hasta que el niño realice la actividad por sí solo.

7. Sea constante para que el niño realice cada uno de los pasos y pueda cumplir con el objetivo.

Objetivo 183

El niño percibirá la lectura de ocho a 16 palabras de dos sílabas, en dos de tres veces por cada palabra.

Material

Haga un cuaderno con 16 palabras de dos sílabas escritas en el lado izquierdo y con los dibujos de éstas en el lado derecho, por ejemplo: mamá, papá, perro, gato, casa, pollo, luna, etcétera.

Actividad y procedimiento

1. Coloque frente al niño el cuaderno con las 16 palabras, y muéstrele y explíquele cada palabra con su dibujo. Enséñele al menos dos veces cada palabra.
2. Pida al niño que mientras usted le vuelve a mostrar cada una de las palabras con su respectivo dibujo, repita lo escrito y señale la ilustración. Haga lo mismo con las 16 palabras.
3. Ahora indíquele que señale cada palabra conforme se la muestra, le menciona lo que dice, y le pide que repita con usted. Repita varias veces este ejercicio con las 16 palabras.
4. Enseguida, proporciónele una por una las tarjetas con las palabras del cuaderno, y dígale que las coloque debajo de la palabra que le muestra. Es importante que le dé al niño solamente la tarjeta de la palabra que está observando. Trabaje varias veces con todas las palabras.

5. Ahora, muéstrele el dibujo pero sin la palabra escrita, y pídale que coloque la palabra debajo de éste. Repita esto varias veces.
6. A continuación, preséntele únicamente la tarjeta con la palabra escrita, y pregúntele qué dice ahí.
7. Si se equivoca o no realiza lo que se le pide, repita los pasos 4, 5 y 6, con la diferencia de que en este último mantendrá frente

al niño el cuaderno con la palabra escrita. Reduzca la ayuda poco a poco hasta que el niño responda bien sin mostrarle este apoyo.

8. Muestre al niño la tarjeta de la palabra con que está trabajando entre otras cuatro, y pregúntele varias veces por esa palabra; en cada ocasión cambie las tarjetas de posición. Trabaje del mismo modo con cada palabra.

9. Cuando el niño perciba la lectura de ocho a 16 palabras de dos sílabas, contestando correctamente en dos de tres veces, cuando se le pregunte por cada una de ellas, se dará por finalizado este objetivo.

Bibliografía

Bereiter, C. y S. Engelman, *Enseñanza especial preescolar*, Fontanella, Barcelona, España, 1977.

Bijou, S. W. y E. Rayek, *Análisis conductual aplicado a la instrucción*, Trillas, México, 1980.

Cabrera, M. C. y C. Sánchez Palacios, *La estimulación precoz. Un enfoque práctico*, col. Síntesis, Pablo del Río editor, Madrid, España, 1980.

Currículum de estimulación precoz del instituto panameño de habitación especial y consejo operativo panameño de estimulación temprana. Programa regional de estimulación precoz, PROCEP, UNICEF, Piedra Santa, Guatemala, 1981.

Damián, D. M., *Detección y tratamientos tempranos en niños con síndrome de Down*, tesis de Maestría, ENEP, Iztacala, UNAM, México, 1990.

Delval, J., *Crecer y pensar*, Paidós, Barcelona, España, 1991.

Dmitriev,V., *Educación temprana y el síndrome de Down*, Programa regional de estudios temprana, UNICEF, México, 1981.

——, *Time to begin*, Caring Inc. Publisher, EUA, 1983.

——, *Workshop on educational intervention for children with Down syndrome*, Seattle, Washington, EUA, 1980.

Furth, H. G. y H. Wachs, *La teoría de Piaget en la práctica*, Buenos Aires, Argentina, 1978.

Hanson, M. J., "An analysis of the effects of early interventions services for infants and toldders with moderate and servere handicaps",*Topics in early childhood special education*, Summer, 1985, pp. 36-51.

——, *Programa de intervención temprana para niños mongólicos. Guía para padres*, Servicio internacional de información sobre subnormales, editores, San Sebastián, España, 1980.

——, *Teaching your Down's syndrome infant: A guide for parents*, University park press, Baltimore, EUA, 1977.

Johnson-Martin, N. Jens, G. Kenneth, Susan M. Attermeier y Bonnie J. Hacker, *Currículo Carolina. Evaluación y ejercicios para bebés y niños pequeños con necesidades especiales*, TEA, Madrid, España, 1991.

Naranjo, C., *Ejercicios y juegos para mi niño de cero a tres años. Programa de estimulación precoz para Centroamérica y Panamá*, PROCEP, UNICEF, Piedra Santa, Guatemala, 1982.

——, *Ejercicios y juegos para mi niño de tres a seis años. Programa de estimulación precoz para Centroamérica y Panamá*, PROCEP, UNICEF, Piedra Santa, Guatemala, 1981.

Nieto Ríos, G., *Guía para la intervención temprana. Protocolo de evaluación*, Instructivo de aplicación, Aguirre y Beltrán, México, 1987.

Oelwein, P. L., R. R. Fewll y J. B. Ruess, "The efficacy of intervention at outsach sites of the program for children with Down Syndrome and other Developmental Delays", *Topics early childhood special education*, 5:2, Summer, 1985, pp. 78-87.

"Paquete psicopedagógico del niño", *Especialidad en desarrollo del niño*, División de estudios de posgrado, Facultad de psicología, UNAM (inédito), México, 1978.

Rayek Ely y Elizabeth Nesselroad, "Aplicación de los principios conductuales a la enseñanza de la escritura, la ortografía y la composición", en Sidney W. Bijou y E. Rayek, *Análisis conductual aplicado a la instrucción*, Trillas, México, 1980.

Resnick, L. B., M. C. Wang y J. Kaplan, "Task analysis in curriculum design: a Hierarchically secuenced introductory mathematics curriculum", *Journal of Applied Behavior Analysis*, vols. **6, 4:** 679-710, 1973.

Salvador, J., *La estimulación precoz en la educación especial*, CEAC, Barcelona, España, 1987.

Toro, A., B. y C. M. Rodríguez, "El desarrollo mental a través de la familia. Manual de actividades de estimulación psicológica para niños de cero a 24 meses de edad", *Revista Educación hoy*, Perspectivas latinoamericanas, año VIII, núm. 15, 1978, pp. 17-70.

Índice analítico

La publicación de esta obra la realizó
Editorial Trillas, S. A. de C. V.

División Administrativa, Av. Río Churubusco 385,
Col. Pedro María Anaya, C. P. 03340, México, D. F.
Tel. 56884233, FAX 56041364

División Comercial, Calz. de la Viga 1132, C. P. 09439
México, D. F. Tel. 56330995, FAX 56330870

Esta obra se terminó de imprimir
el 3 de febrero de 2006,
en los talleres de Rodefi Impresores, S. A. de C. V.
Se encuadernó en Rústica y Acabados Gráficos, S. A. de C. V.
BM2 80 MSS